AF502336

ATSUME GUSA POUR SERVIR A LA CONNAISSANCE DE L'EXTREME ORIENT, RECUEIL PUBLIÉ PAR F. TURRETTINI

FASCICULE 25-26 JANVIER 1876

GENÈVE, H. GEORG, LIBRAIRE-ÉDITEUR

PARIS, ERNEST LEROUX LONDON, TRÜBNER AND Co

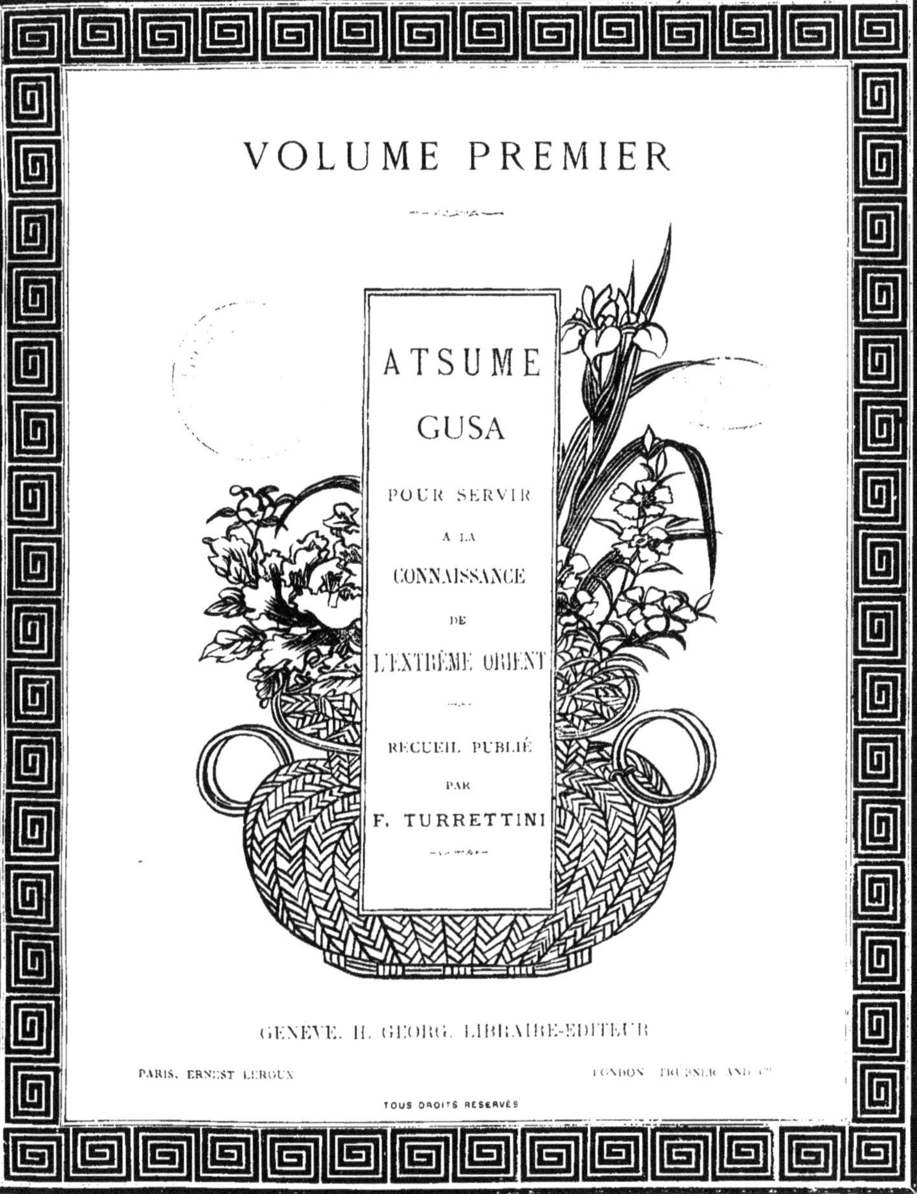

VOLUME PREMIER

ATSUME GUSA

POUR SERVIR

A LA

CONNAISSANCE

DE

L'EXTRÊME ORIENT

RECUEIL PUBLIÉ

PAR

F. TURRETTINI

GENÈVE. H. GEORG. LIBRAIRE-EDITEUR

PARIS. ERNEST LEROUX   LONDON. TRÜBNER AND C^{IE}

CONTENU

(OUVRAGES EN COURS DE PUBLICATION)

GENÈVE — IMP. [illegible] RUE DE L'HÔTEL-DE-VILLE, 5

Les feuilles de ce volume sont placées dans l'ordre suivant :

38B Titre, etc.
1 *Heike Monogatari.*
2 »
3 »
4 *Tami-no Nigirai.*
5 »
6 »
7 »
8 »
9 »
10 »
12 *Peuples orientaux.*
13 »
14 »
15 »
17 »
11 *Si-siang-ki.*
12 »
13 »
14 »
15 »
16 »
18 »

19 *Si-siang-ki.*
20 »
26 »
27 »
28 »
29 »
30 »
31 *Peuples orientaux.*
32 »
33 »
34 »
35 »
21 *Astrologia giapponese.*
22 »
36 »
37 »
23 *Avalôkiteçvara Sutra.*
24 »
25 »
38A »
39 »
40 »

INTRODUCTION

AU CHAPITRE PREMIER

Il est, au Japon, un ouvrage célèbre, le *Heike-Monogatari*, qui raconte d'une manière plus ou moins romanesque et par conséquent plus ou moins historique, les luttes de deux puissantes familles dans la seconde moitié du douzième siècle. Au milieu d'un régime tout à fait féodal où le rôle des *Mikado* se trouvait souvent effacé, les *Gen* ou *Minamoto* et les *Hei* ou *Taira*, — c'est le nom de ces deux familles, — se disputaient le pouvoir et les honneurs.

Dans le premier fascicule de ce recueil, nous nous hasardons à donner le commencement de cette épopée dont nous avons entrepris la traduction. Si nous employons le mot « hasarder, » c'est que l'état actuel des études japonaises ne permet pas, à notre avis, de traduire convenablement les ouvrages historiques du *Nippon*. Sans doute l'apparition du dictionnaire de M. Hepburn en 1867 et de la grammaire de M. Hoffmann en 1868 ont rendu moins problématique la traduction d'ouvrages qui n'ont pas un caractère scientifique ou littéraire bien marqué, et où l'on rencontre suffisamment de caractères chinois pour se guider. Mais, tant qu'un glossaire plus étendu et surtout un dictionnaire historique et géographique nous feront défaut, la lecture d'ouvrages tels que le *Heike-Monogatari* restera semée de difficultés et leur interprétation souvent incertaine. Cependant l'ancien dictionnaire japonais, composé par les missionnaires catholiques au commencement du dix-septième siècle, est d'un grand secours depuis que M. Pagès, dont on connaît le zèle pour les études japonaises, l'a pour ainsi dire ressuscité.

C'est à l'obligeante amitié de ce savant que nous devons d'avoir pu travailler sur une belle édition du *Heike-Monogatari*, et nous sommes heureux de pouvoir lui en exprimer ici notre reconnaissance.

M. Sévérini, professeur à Florence et M. l'avocat Valenziani de Rome, nous permettront aussi de leur présenter nos remercîments. Nous avons eu l'occasion de leur soumettre différents passages qui nous embarrassaient dans ce premier chapitre du *Heike-Monogatari* et dans la première partie du *Tami-no-nigiwai*, qui formera la matière d'un prochain fascicule. Nous avons pu mettre ainsi à contribution leur rare intelligence philologique et leurs brillantes facultés, dont les études chinoises et japonaises bénéficieront un jour, nous en avons le ferme espoir.

Juin 1871.

F. T.

CHAPITRE PREMIER

ORIGINES DE LA FAMILLE TAIRA ; PUISSANCE ET PROSPÉRITÉ DE KYOMORI ; GIWAU, GINYO ET HOTOKEGOZEN, LEUR SUCCÈS ET LEUR CHUTE

Si le son de la cloche du temple de *Gi-on*[1] est l'écho des vicissitudes humaines, l'éclat passager des fleurs des deux arbres *Sara*[2] montre que toute prospérité a son déclin. Les orgueilleux ne subsistent pas longtemps, leur vie est comme le songe d'une nuit d'été. Les guerriers aussi finissent par tomber, ils ressemblent à une lampe exposée au vent.

Autrefois au Japon *Masakado* (T), *Sumi-tomo* (F)[3], *Yosi-tsika* (M),

[1] *Gi-on* 祇園 dieu de la lumière. Son temple est dans le district d'*O-tagi* 愛宕 de la province *Yama-siro*.

[2] *Sa-ra* 沙羅 en sanscrit Çâla (shorea robusta).

[3] *Masakado* 將門 dans les années *syou-hei* (931-937) et *Sumi-Tomo* 純友 dans les années *ten-kyau* (938-946) se mirent à la tête d'une insurrection qui fut écrasée en 940. — F. T. et M. entre parenthèses après un nom propre, indiquent si la personne appartient aux familles *Fudzivara* 藤原, *Taira* 平 (*Hei*) ou *Minamoto* 源 (*Gen*).

Nobu-yori (F)[4] étaient regardés par les uns comme des personnages très-orgueilleux, tandis que d'autres estimaient leur bravoure. Ensuite vint *Kyomori* (T)[5] qui, après avoir été premier ministre[6], embrassa la vie religieuse et se retira à *Rokuvara*[7]. Il faut renoncer à définir la puissance de ce personnage. Si nous recherchons quelles furent ses origines, nous trouvons que le titre[8] de *Taira* fut accordé pour la première fois[9] à sa famille dans la personne de *Taka-motsi*[10], prince de sang royal[11], petit-fils de *Katsura-bara*[12], fils de prince[13] également. Celui-ci, directeur de première classe au ministère de l'instruction publique[14], était le cinquième fils de *Kuwan-mu-ten-wau*[15], cinquantième empereur de la dynastie des Augustes de race humaine[16]. Gouverneur[17] de *Kadzu-sa*[18], officier de cinquième classe *(syou-ku)*[19], il quitta

[4] *Yosi-tsika* 義親 dans les années *kau-wa* (1099-1103) et *Nobu-yori* 信頼 dans l'année *hei-dzi* (1159) se révoltèrent également contre l'autorité impériale.

[5] *Kyomori* 清盛.

[6] *Dai-zyau-dai-zin* 大政大臣.

[7] C'est pour cela qu'il portait le titre de *niu-dau-saki* 入道前 de *Rokuvara* 六波羅.

[8] *Sei* 姓 titre ou nom de famille accordé par le souverain.

[9] L'an 890.

[10] *Taka-motsi* 高望.

[11] *Wau-gimi* 王.

[12] *Katsura-bara* 葛原.

[13] *Mi-ko* 親王.

[14] *It-hon-sik-bu-kyau* 一品式部卿.

[15] *Kuwan-mu-ten-wau* 桓武天皇.

[16] *Nin-wau* 人皇. Avec eux commence l'histoire véritable du Japon au septième siècle avant Jésus-Christ.

[17] *Suke.*

[18] *Kadzusa*, province du *Tou-kai-dau.* — Le Japon est partagé en huit grandes régions comprenant soixante-huit provinces (*koku* 國 ou *siu* 州), divisées en un certain nombre de districts (*kovori* 郡).

[19] Chacune des six classes d'officiers se divise en deux autres classes : les *sci* 正 (les premiers) et les *syou* 従 (les seconds) qui, à leur tour, se partagent en deux ca-

tout à coup la famille impériale et prit rang parmi les fonctionnaires[20]. *Yosi-motsi*[21], fils de *Taka-motsi* fut créé général et chargé de veiller à la sûreté de l'empire[22]; dans la suite, il changea son nom contre celui de *Kunika*[23] avec le titre de grand juge[24] du *Hitatsi*[25]; dans les combats contre le rebelle *Masakado* il commandait une armée. Son fils *Sada-mori*[26] qui était aussi *tsin-zyu-fu-no-syau-gun*, se réunit à *Hide-sato*[27] (F), et anéantit *Masakado*.

Tada-mori[28], son second fils, — depuis *Kore-hira*[29] six générations, — gouverneur[30] de *Bizen*[31], officier de quatrième classe *(sei, ka)*, était un homme plein d'intelligence et de savoir-faire. Jusqu'alors, l'investiture des provinces avait été conférée de génération en génération; depuis *Tadamori* l'entrée au palais fut accordée aux gouverneurs. Sous *Syu-toku-in*[32] (1124-1141), il avait obtenu la charge de chambellan[33] au *sen-tou*[34] de *Toba-no-in*[35]. Une fois qu'il y était venu de la province de *Bizen*, il composa dans cette résidence les vers suivants où il célèbre la baie d'*Akasi*[36]:

tégories, les *syau* 上 (les supérieurs), et les *ka* 下 (les inférieurs).

[20] Les *zin-nin* 人臣.

[21] *Yosi-motsi* 良望.

[22] Il portait le titre de *tsin-zyu-fu-no-syau-gun* 鎮守府將軍.

[23] *Kuni-ka* 國香.

[24] *Dai-zyau* 大掾.

[25] *Hitatsi*, province du *Tou-kai-dau*.

[26] *Sadamori* 貞盛.

[27] *Hide-sato* 秀鄉.

[28] *Tadamori* 忠盛.

[29] *Kore-hira* 維衡.

[30] *Kami*.

[31] *Bizen*, province du *San-yau-dau*.

[32] *Syu-toku-in* 崇德院 soixante-quinzième empereur, régna de 1124 à 1141.

[33] *Sit-hei* 內执.

[34] *Sen-tou* 仙洞, palais d'un empereur qui a abdiqué.

[35] *To-ba-no-in* 鳥羽院.

[36] *Akasi* 明石, district de la province *Harima*.

Ari-ake-no
Tsuki mo Akasi-no
Ura kaze-ni
Nami bakari koso
Yoru to miye-si-ga.

La lune est dans tout son éclat, les vents soufflent dans la baie d'Akasi ; rien n'apparaît que les vagues qui battent le rivage.

Cette poésie, offerte à *Toba-no-in*, le remplit d'admiration et, par ses ordres, elle fut insérée dans le Recueil des feuilles d'or [37], de *Tosi-yori-ason* [38].

Pendant la dernière des années *Yei-kiu* (1113-1117), celle qui s'appelait *Gi-on nyou-go* [39] était la favorite du *hau-rau* [40] *Sirakava* [41]. Elle habitait près du temple de *Gi-on*, au pied du mont *Higasi* [42]. Souvent le *hau-rau* se rendait auprès d'elle en cachette. Une nuit, il était accompagné de quelques serviteurs [43] qu'il avait fait déguiser ; on avait dépassé le vingtième jour de la cinquième lune, il faisait sombre et la pluie de la cinquième lune tombait; tout disposait à l'épouvante, lorsqu'on vit sortir du temple impérial, près duquel se trouvait la demeure de la *nyou-go* [44], un être étrange et lumineux. Sa tête étincelait comme si elle était couverte d'aiguilles d'argent poli; d'une main il tenait une sorte de maillet, et de l'autre un objet brillant. A la vue de ce singulier fantôme, le prince et ses serviteurs furent remplis d'effroi. *Tadamori* à cette époque n'avait pas encore été admis au palais; mêlé aux gardes du

[37] *Kin-yeu-siu* 金葉集.

[38] *Tosi-yori-ason* 俊頼朝臣.

[39] *Gi-on-nyou-go* 祇園女御.

[40] *Hau-rau* 皇法, empereur qui a abdiqué et qui est entré en religion.

[41] *Sira-kava* 白河, soixante-douzième empereur, grand-père de *To-ba-no-in*, régna de 1073-1086.

[42] *Higasi* 東.

[43] Des *ten-zyau-bito* et des *hoku-men*.

[44] *Nyou-go* 女御 est le titre porté par une des épouses de l'empereur.

prince[45], il accompagnait le *hau-rau*. Celui-ci l'appela en sa présence et lui montrant le fantôme: « Je vous en prie, dit-il, tuez-moi cela avec votre épée ou à coups de flèches. » *Tadamori*, plein de respect et d'obéissance, s'avança vers l'objet en question: « Si c'était un effet du renard ou du blaireau[46]! » pensait-il en lui-même; et comme il s'approchait pour le prendre vivant et sans toucher à son épée, soudain la lumière disparut sans laisser de traces, puis se fit voir de nouveau après s'être évanouie comme la rosée. Alors il le saisit vivement à bras le corps; voyant l'effroi s'emparer de cet être: « Si ce n'est pas un fantôme, c'est donc un homme, » se dit-il, et chacun allumant sa lampe on reconnut la nature véritable de tous les détails du personnage. C'était un bonze de soixante ans environ, qui desservait le temple. Pour le service des luminaires qui brûlent devant le Buddha, il tenait d'une main une lampe remplie d'huile et de l'autre un vase contenant du feu. Pour se garantir de la pluie, il s'était fait un chapeau avec des pailles de froment qui, éclairées par le feu du vase, brillaient comme des aiguilles d'argent.

Si *Tadamori* l'avait tué avec son épée ou à coup de flèches, il aurait été bien imprudent; mais pour un soldat, certes il fit preuve de modération. Aussi lui fut-il permis de se rendre auprès de *Gi-on nyou-go*, qui était connue de tous pour être aimée du *hau-rau*. La *nyou-go* étant devenue enceinte: « Si c'est une fille qu'elle met au monde, dit le prince, je la garderai pour moi; si c'est un garçon, élève-le pour en faire ton successeur. » Finalement elle mit au monde un enfant mâle. Comme on attendait le moment favorable pour en informer le *hau-rau*, celui-ci se dirigeant vers *Kuma-no*[47] fit arrêter son char à *Ito-ka-zaka*[48] dans la

[45] *Hoku-men* 北面.

[46] Le renard (*kitsune*) et le blaireau (*tanuki*) sont des animaux qui, d'après les Japonais, ont un pouvoir magique.

[47] *Kuma-no* 熊野, localité du district *Mu-zo* 牟婁 dans la province de *Ki-siu*.

[48] *Ito-ka-zaka* 糸鹿坂, localité du district d'*Ari-ta* 在田.

province de *Ki-siu*[49]. Il y séjourna quelque peu de temps pour se reposer. *Tadamori* ayant trouvé des fruits d'igname[50] dans un bois, les mit dans sa manche et allant au-devant du *hau-rau*, il en déposa un à ses pieds en disant : « Voilà l'*imo-ga-ko*[51]. » Le *hau-rau* comprenant aussitôt : « Eh bien, *Tadamori*, répliqua-t-il, prends-le et adopte-le. » En vérité, il l'éleva comme son propre enfant. La nuit le jeune prince criait énormément ; le *hau-rau*, qui l'entendit, laissa tomber de sa bouche auguste cette pièce de vers :

Yo-naki su to
Tadamori, tate yo
Suye-no yo-ni
Kiyoku sakauru
Koto mo koso are.

Quoiqu'il ne soit maintenant qu'un petit enfant qui crie la nuit, que *Tadamori* l'élève et alors sa splendeur et sa prospérité arriveront aux âges les plus reculés[52].

C'est pour cela que cet enfant fut appelé *Kyo-mori*[53]. En vérité le prince *Kyomori* ne fut pas un homme ordinaire ; on le place parmi les bâtards du *hau-rau Sira-kara*.

Tadamori qui chaque nuit allait et venait dans le gynécée du *sen-tou*, causant avec la *nyou-bau*[54], sortit une fois, oubliant son éventail où l'image de la lune était représentée. « Eh ! » s'écrièrent les femmes de ser-

[49] *Ki-siu* ou *Ki-i*, province du *Nan-kai-dau*.

[50] *Nukago*.

[51] *Imo-ga-ko* signifie à la fois le fruit de l'igname et l'enfant de la femme.

[52] Comme les doubles sens sont le mérite principal des poésies japonaises, on peut, en lisant *tada-mori*, interpréter le second vers ainsi : « qu'on ait soin de bien l'élever. »

[53] La racine *kyo*, de même que *mori*, exprime « l'éclat, la splendeur. »

[54] *Nyou-bau* 女房, c'est l'épouse ; signifie aussi une femme.

Page 7.

TADAMORI S'EMPARE DU BONZE DU TEMPLE IMPÉRIAL

vice[55], d'où vient ce rayon de lune? et comme toutes ensemble riaient, que sais-je? de ne pouvoir résoudre ce problème, et d'autre chose encore, la *nyou-bau* récita cette pièce de vers qui passe pour avoir un sens très-profond:

Kumo-yiyori
Tadamori kitaru
Tsuki nareba
Oboroke nite va
Ivazi to zo omou.

Comme cette lune (c'est-à-dire cet éventail) est venue du Palais Impérial avec *Tadamori* et que ceci est une affaire secrète, je pense qu'il ne faut pas en parler[56].

Tada-nori[57], huitième fils de *Tada-mori,* était gouverneur de *Sat-suma*[58]; homme d'une grande distinction et de beaucoup de talent, il était en particulier fort habile à composer avec élégance des pièces de vers. Aussi fut-il admis dans l'intérieur de ce gynécée. L'an 1153[59] mourut *Tadamori,* âgé de cinquante-huit ans. *Kyomori,* son fils aîné, prit sa place. En 1156[60], lorsque *Yori-naga*[61], *sadaizin*[62], du district de

[55] *Kataye-no-nyou-bau.*

[56] Le second vers peut aussi se lire:

Tada mori ki taru,

la poésie aurait alors la signification que voici:

Cette lune qui vient du ciel, et qui a pénétré ici seulement en se glissant par les fentes de la fenêtre, se trouvant ainsi obscurcie, je pense qu'on ne peut en donner aucune explication.

[57] *Tada-nori* 忠度.

[58] *Satsuma,* province du *Sai-kai-dau.*

[59] Le quinzième jour de la première lune de la troisième des années *nin-hei* (1151-1153).

[60] La septième lune de la première des années *hau-gen* (1156-1158).

[61] *Yori-naga* 頼長.

[62] *Sa-dai-zin* 左大臣, grand minis-

Udzi[63], poussait *Sin-in*[64] à la révolte et bouleversait l'empire, *Kyo-mori* se rangea du côté de l'empereur. Il combattait à l'avant-garde et fut récompensé pour ses services. On le nomma gouverneur d'*Aki*[65] et ensuite de *Harima*[66]. En 1158 il était gouverneur[67] de *Da-zai*[68]. En 1159[69], lors de la révolte de *Nobu-yori* et de *Yositomo*[70] (M), il détruisit une bande de brigands du parti des insurgés. Il n'est personne qui l'ait égalé par les services qu'il rendit. L'année suivante (1160), occupant successivement les charges de capitaine des gardes du palais[71], de colonel[72] et de conseiller d'État[73], il parvint à celle d'aide de camp[74]. Avec le grade de *nai-dai-zin*[75], sans passer par celui de *you-dai-zin*[76] et de *sa-dai-zin,* il fut promu à la dignité de *dai-syau-dai-zin*, première classe *(syou)*. Il reçut la permission d'entrer au palais et d'en sortir en palanquin ou dans un char traîné par des bœufs, avec une escorte de soldats, quoiqu'il ne fût pas général en chef. Le prince *Kyomori* étant

tre de la main gauche. C'est lui qui, dans le ministère, vient tout de suite après le premier ministre (*dai-zyau-dai-zin*).

63 *Udzi* 宇治 est situé dans la province de *Yamasiro*.

64 *Sin-in* 新院, titre que prit l'empereur *Siu-toku-in* après avoir abdiqué.

65 *Aki*, province du *San-yau-dau*.

66 *Harima*, province du *San-yau-dau*.

67 *Dai-ni* 大貳.

68 *Da-zai-fu* 大宰府, *Da-zai* ou *Zai-fu*, localité du district *Mikasa* 御笠 dans la province de *Tsiku-zen*.

69 A la douzième lune de l'année *hei-dzi*.

70 *Yosi-tomo* 義朝.

71 *Sai-syau-ye-fu-no-kami* 宰相衛府督.

72 *Ke-bi-yi-si-bettau* 撿非違使別當.

73 *Nau-gon* 納言.

74 *Syou-zyau* 承相.

75 Le *nai-dai-zin* 内大臣 est chargé de remplacer les *san-kou* 三公 c'est-à-dire les trois premiers ministres, quand ils ne peuvent remplir leurs fonctions.

76 *U-dai-zin* 右大臣, grand ministre de la main droite, un des trois *san kou*.

encore gouverneur d'*Aki*, comme il se rendait en bateau, d'*A-nono-tsu*[77] dans la province *Sei-siu* à *Kuma-no*, de grands esturgeons[78] entrèrent en sautant dans le navire. Regardant cela comme une marque de la faveur des *kami*[79] qui avaient pris la forme de poissons, il les apprêta, en fit manger à ses compagnons et en mangea lui-même malgré la loi bouddhique de l'abstinence. A partir de ce moment la fortune de cet homme alla chaque jour en s'accroissant. Il parvint au grade de *Soku-ketsu*[80] et ses descendants parcoururent le chemin des dignités, avec la rapidité des dragons qui volent vers les nuages. Durant les neuf générations qui le précédèrent, on n'avait pas vu dans sa famille pareille prospérité.

Or, en l'année 1168[81], le prince *Kyomori* tomba malade; pour sauver ses jours, il se fit raser la tête le onzième jour de la onzième lune; il entra en religion et prit le nom bouddhique de *Zyau-kai*[82]: la maladie qui durait depuis quelque temps disparut alors heureusement. On l'appelle le seigneur de *Rokuvara*, parce qu'il se construisit un palais dans cette localité. Une foule de personnes s'attachèrent à lui et recevaient ses ordres; ils étaient coiffés du *yebosi* et portaient le *yemon*[83]. Parmi les fils des nobles[84], il n'en est aucun qui compte dans sa famille autant de personnages célèbres par leur bravoure ou l'éclat de leur vie. *Rokuvara* donnait l'exemple, et tout l'univers se plaisait à imiter ses mœurs. Sa conduite était celle d'un prince sage et d'un seigneur ami du bien public. Quoiqu'ordinairement les mauvais sujets complices du crime, auxquels on laisse leur

[77] *A-nono-tsu* 安濃津.

[78] *Suzuki* (Percalabrax japonicus).

[79] Divinités nationales du Japon.

[80] *Soku-ketsu* 卽闕, autre manière de désigner le premier fonctionnaire de l'empire.

[81] La onzième lune de la troisième des années *nin-an* (1166-1168).

[82] *Zyau-kai* 淸海, signifie « mer de pureté. »

[83] *Ye-mon* 衣紋, vêtement à plis ou à pans.

[84] *Kin-datsi* 公達.

liberté d'action dans ce monde, se livrent sans motif, lorsqu'ils se trouvent ensemble, à des propos diffamatoires, cependant, tant que dura la prospérité de l'illustre religieux [85], il ne sortit de leur bouche aucune parole qui pût le blesser. Car voici ce qu'avait imaginé le *niu-dau-syau-koku* [86]: ayant choisi quatorze ou quinze jeunes garçons et trois cents hommes, il les coiffa à la manière des *kaburo* [87], les revêtit de manteaux [88] rouges et en fit ses serviteurs. Sur les chemins comme dans les rues de la capitale, c'était avec eux qu'il circulait. Si, par hasard, l'un d'eux parlait mal de la famille *Taira*, le reste de la troupe en était bientôt informé; le malheur venait s'abattre sur la famille du détracteur, on confisquait tous ses biens et il était traîné devant le seigneur de *Rokuvara*, sans qu'il se trouvât personne pour témoigner qu'on l'avait vu ou qu'on avait entendu ses propos. Quand ces personnages paraissaient, les chevaux et les chars traversant la rue s'arrêtaient pour les laisser passer. A leur entrée et à leur sortie du palais, il n'était pas nécessaire de leur demander leurs noms. C'est pour cette raison que l'on ne voyait point le gouverneur [89] de la capitale tourner vers eux ses regards obliques. Tout souriait donc à la fortune de *Zyau-kai*, le religieux.

Son fils aîné *Sige-mori* [90] était *na-dai-zin* et général de gauche [91], et *Mune-mori* [92], son second fils, conseiller [93] d'État en second et général de droite [94]. Son troisième fils *Tomo-mori* [95], officier de troisième classe, était général du centre [96]. *Kore-mori* [97], fils de *Sige-mori*, était lieutenant-géné-

85 *Zen-mon* 禪門.

86 *Niu-dau-syau-koku* 入道相國 le ministre d'État qui s'est fait religieux, autre titre porté par *Kyomori*.

87 *Kaburo*, jeunes filles qui portent de longs cheveux.

88 *Kitatare*.

89 *Tsyau-ri* 長吏.

90 *Sige-mori* 重盛.

91 *Sa-dai-syau*.

92 *Mune-mori* 宗盛.

93 *Tsiu-na-gon* 中納言.

94 *U-dai-syau* 右大將.

95 *Tomo-mori* 知盛.

96 *Tsiu-zyau* 中將.

97 *Kore-mori* 維盛.

ral[98]. On compta dans cette seule famille dix *ku-gyau* et plus de trente *ten-zyau-bito*[99]; ceux auxquels on accorda l'investiture de provinces, les chefs des gardes[100], les gouverneurs[101] furent plus de soixante. Dans l'antiquité, comme dans les temps modernes, il n'y a pas d'exemple d'une telle prospérité. Lorsque *Tadamori* obtint l'entrée au palais, il était, à cause de ses relations intimes avec le souverain, l'objet de l'antipathie des nobles. Ceux-ci complotèrent de le faire périr dans une attaque nocturne, et *Tada-mori* n'eut pas trop de toute son habileté pour échapper au danger. Peu après, ses descendants obtinrent la permission de porter des vêtements bigarrés, et on les vit se draper dans des habits faits de brocart et d'autres étoffes de soie. Son fils aîné et son second fils, créés tous deux ministres et généraux[102], furent placés à la droite et à la gauche sur le même rang; il y a peu d'exemples d'une semblable mesure.

Il eut aussi huit filles. L'une d'elles, dès l'âge de huit ans, fut promise à *Sige-nori*[103] de *Sakura-matsi*[104], conseiller d'État en second. Après le rétablissement de la paix, *Kuva-san-no-in*[105] la donna pour épouse[106] au seigneur *sa-dai-zin*. Les enfants[107] qui sortirent de cette union furent nombreux. Une autre, sous le nom de *Ken-rei-mon-in*[108], devint impératrice, et, à l'âge de vingt-deux ans, elle mit au monde un prince. Une troisième, nommée *Sira-kava*[109], fut l'épouse[110] du seigneur Régent[111]

98 *Seu-seu* 少將.

99 *Ten-zyau-bito* 殿上人. La noblesse au Japon comprend l'ordre *Kuge* (les grands dignitaires) et l'ordre *Buke* (les officiers). Le *Kuge* se divise en deux classes, les *Ku-gyau* et les *Ten-zyau-bito*.

100 *Ye-fu* 衛府.

101 *Syo-si* 諸司.

102 *Dai-sin-no-tai-syau* 大臣大將.

103 *Sige-nori* 重教.

104 *Sakura-matsi* 櫻町.

105 *Kuva-san-no-in* 花山院.

106 *Mi-dai-dokoro*.

107 *Kin-datsi*.

108 *Ken-rei-mon-in* 建禮門院.

109 *Sira-kava* 白河.

110 *Kita-no-mandokoro*.

111 *Set-syau* 攝政.

Roku-deu[112]; sous *Taka-kura-no-in*[113], portant le nom de *Hava-siro*[114], elle dirigeait les affaires[115] de l'impératrice *Zyun-san*[116]. Une quatrième épousa[117] le prince *Moto-Zane* de *Fu-gen-zi*[118]. Une cinquième fut mariée[119] au premier conseiller d'État[120] *Taka-fusa* de *Rei-zei*[121]. Une sixième fut la compagne de *Nobu-taka* de *Sitsi-deu*[122], directeur des temples[123]. Une septième fut fille d'une personne qui était dame d'honneur[124] de l'empereur et originaire des îles *Itsuku*[125]; elle fut offerte au *hau-vau Go-sira-kava*[126] et eut la prééminence parmi les *nyou-go*. La dernière, enfin, eut pour mère *To-kiva*[127], servante[128] de *Ku-deu-no-in*[129]. Se trouvant être *nyou-bau* gouvernante[130] de *Kuva-san-no-in*, elle fut appelée *Rau-no-go-kata*[131].

Des soixante-six provinces du Japon, plus de trente étaient la propriété des *Taira*, et le nombre des villages, prés et champs possédés par cette famille est trop grand pour être connu. Quand leurs chevaux et chariots en grand nombre arrivaient à la file devant la porte du palais, en faisant grand bruit, cortége resplendissant de l'or du *Yuu-siu*[132], des

112 *Roku-deu* 六條.

113 *Taka-kura-no-in* 高倉院.

114 *Hava-siro* 母代.

115 Elle avait la charge de *sen-zi* 宣旨.

116 *Zyun-san* 准三.

117 Elle était *kita-mandokoro.*

118 *Fu-gen-zi-Moto-zane* 普賢寺基實.

119 Elle était *ren-tsiu* 簾中.

120 *Dai-na-gon* 大納言.

121 *Rei-zei-Taka-fusa* 冷泉隆房.

122 *Sitsi-deu Nobu Taka* 七條信隆.

123 *Syu-ri-no-dai-bu* 修理大夫.

124 *Nai-si* 内侍.

125 Les îles *Itsuku* 嚴 sont situées dans la province de *Gei-siu.*

126 *Go-sira-kava* 後白河.

127 *To-kiva* 常盤.

128 *Zau-si* 雜仕.

129 *Ku-deu-no-in* 九條院.

130 *Zyau-rau* 上臈.

131 *Rau-no-go-kata* 臈御方.

132 *Yuu-siu* 揚州 (yang-tcheu), département de la province chinoise Kiang-nan.

pierres précieuses du *Kei-siu*[133], des damas du *Go-gun*[134], des brocarts du *Syoku-kau*[135], de toutes les richesses, de tout ce qu'il y a de précieux, ils étaient comme la multitude des fleurs qui étalent leur brillante parure dans le palais de l'empereur.

Ce fut à cette époque que la poésie et la musique prirent leur essor. Je doute qu'à la cour[136] et au *sen-tou* on se montrât plus passionné pour les poissons, les dragons, le vin et les chevaux qu'on ne l'était dans l'entourage de *Kyomori*.

L'illustre religieux qui avait tenu l'empire comme dans le creux de sa main, s'inquiétait fort peu des railleries des hommes. Ainsi, il y avait deux sœurs renommées dans la capitale pour leur talent chorégraphique; elles s'appelaient *Gi-wau*[137] et *Gi-nyo*[138], et étaient filles de la danseuse *To-zi*[139]. Comme *Zyau-kai* le religieux aimait *Gi-wau* la sœur aînée, *Gi-nyo* faisait très-bon accueil à ceux qui s'approchaient d'elle. Quant à *To-zi* leur mère, on l'installa dans une belle habitation, et chaque mois on lui envoyait en présent cent *koku*[140] et cent *kuvan*[141]; aussi vécut-elle dans l'opulence.

Or voici quelle fut au Japon l'origine des danseuses[142]. Autrefois, sous le règne de *Toba-no-in*, deux femmes nommées *Sima-no-sen-zai*[143]

[133] *Kei-siu* 荊州 (king-tcheu), département de la province chinoise Hu-kuang.

[134] *Go-gun* 呉郡 (u-kiun), département actuel de Su-tcheu-fu 蘇州府 dans la province chinoise Kyang-nan.

[135] *Syoku-kau* 蜀江 (Chu-kiang), département actuel de Tching-tu-fu 成都府 dans la province chinoise Se-tchuen.

[136] Au *tei-ketsu* 帝闕, c'est-à-dire au palais de l'empereur.

[137] *Gi-wau* 妓王.

[138] *Gi-nyo* 妓女.

[139] *To-zi* 刀自.

[140] Cent *koku* 石 font environ mille boisseaux.

[141] Cent *kuvan* 貫 font environ dix mille onces de métal.

[142] *Sira-byau-si* 白拍子.

[143] *Sima-no-sen-zai* 島千歳.

et *Wa-ka-no-maye*[144] commencèrent à exécuter des danses. Coiffées du *tate-yebosi*[145], elles feignaient en dansant de s'envelopper dans leurs *sui-kan*[146] comme dans un fourreau blanc; aussi ces ballets portaient-ils le nom d'*otoko-mai*[147]. Mais depuis le moyen âge les danseuses ayant laissé le sabre et le *yebosi* pour ne se servir que du *sui-kan*, on les appelle *sira-byau-si*.

Quand on connut dans la capitale les succès de la danseuse *Gi-wau*, il y eut beaucoup de personnes qui, à cette époque, soit amour-propre, soit jalousie, ajoutèrent à leur nom le caractère *gi* et s'appelèrent *gi-itsi*[148], *gi-ni*[149], *gi-fuku*[150], *gi-toku*[151], espérant ainsi s'attacher la fortune.

Trois ans plus tard, il vint de la province de *Kaga* une danseuse de beaucoup de talent, âgée de seize ans et qui se nommait *Hotoke-go-zen*[152]. Faire bon accueil aux hommes ordinaires ne lui semblait point une chose importante. « Mais, » pensait-elle en elle-même, « pourquoi me serais-je « donné tant de mal pour apprendre mon métier[153], si mon intention « première n'avait pas été d'entrer au service du premier ministre[154], du « religieux de la famille *Taira*, dont la prospérité attire maintenant tous « les regards ? Je désire aller le trouver sans y être invitée. »

Un jour donc une personne qui se rendait au château de *Nisi-yatsu-deu*[155], se présenta devant *Kyomori* en lui disant qu'elle se nommait *Hotoke-go-zen*, et que toute la capitale retentissait du bruit de sa renom-

144 *Wa-ka-no-maye* 和哥前.

145 *Tate-yebosi*, long bonnet porté par les nobles.

146 *Sui-kan* 水干, vêtement blanc, porté par les nobles.

147 *Otoko-mai*, litt. « danse mâle. »

148 *Gi-itsi* 妓一.

149 *Gi-ni* 妓二.

150 *Gi-fuku* 妓福.

151 *Gi-toku* 妓德.

152 *Hotoke-go-zen* 佛御前.

153 D'*asobi-mono*, personne dont la profession est d'amuser le public, comédienne.

154 *Dai-zyau* ou *dai-zyau-dai-zin* est aussi un titre honorifique.

155 *Nisi-yatsu-deu* 西八條.

Page 18

GINYO GIWAU HOTOKEGOZEN MUNEMORI SICEMORI NORIMORI

mée. Le seigneur *niu-dau*, fort en colère, dit: « Les comédiennes comme « vous, viennent quand on les appelle; et il y a toute apparence que vous « êtes venue sans qu'on vous l'ait demandé. Portez le nom qu'il vous plaira, « de *Kami*[156] ou de *Hotoke*[157], il n'est pas possible que vous occupiez la « place de *Gi-wau*. Sur ce, sortez promptement. »

A l'ouïe de ces paroles, qui dénotaient une si farouche résolution, *Hotoke* s'était déjà retirée lorsque *Gi-wau* s'adressant au seigneur *niu-dau*: « C'est toujours, » dit-elle, « dans les habitudes des comédiennes de ve- « nir sans être invitées; et puis, elle est si jeune qu'elle n'a pas apporté « beaucoup de réflexion quand elle s'est présentée devant vous. Pour toute « réponse vous l'avez vertement tancée. Il fallait, au contraire, en avoir « pitié. Comme vous l'avez rendue confuse! Et pourtant, comme son « but n'était que d'améliorer son sort, un homme même placé au-dessus « des autres, comme vous, pourrait bien ne point s'en formaliser. Ce « serait un acte de bonté digne d'éloge, si vous la rappeliez simplement « en votre présence, quand même vous ne daigneriez ni la voir danser, « ni l'entendre chanter. »

Le seigneur *niu-dau* l'entendant parler de cette façon envoya vers *Hotoke* un messager pour l'inviter à reparaître en sa présence. *Hotoke*, ainsi priée, revint montée sur un char, et le seigneur *niu-dau* lui adressant la parole: « Aujourd'hui, » dit-il, « je n'ai pu d'abord vous « recevoir; si maintenant je vous revois, vous le devez à *Gi-wau* qui, je « ne sais pourquoi, m'a supplié de le faire. Mais pourquoi êtes-vous par- « tie sans faire entendre même le son de votre voix? Si vous chantiez « une chanson en vogue? »

Hotoke s'inclinant avec respect: « Si tels sont vos désirs, je vais « m'exécuter, » et elle chanta:

« En voyant pour la première fois le prince, il m'apparaît comme « un jeune pin de la plus belle espèce, pouvant vivre même au delà de

[156] *Kami* désigne ici les divinités nationales du Japon.

[157] *Hotoke* signifie Bouddha.

« mille générations; sur la colline des Tortues[158] qu'entoure l'étang « d'*O-maye*[159], des grues viennent en foule se divertir[160]. »

Elle répéta trois fois sa chanson et tous ceux qui la voyaient et l'entendaient furent saisis d'admiration (Pl. III[161]). Plus que tous les autres, le seigneur *niu-dau* était sous le charme : « Certes, » dit-il, « votre talent « pour ce genre est remarquable; vous dansez sans doute fort bien aussi. « Si vous exécutiez une danse en vous accompagnant du tambourin? » Nulle ne surpassait *Hotoke-go-zen* en beauté. Ses cheveux, ses sourcils, ses yeux, sa figure, tout son extérieur la rendait sans rivale. Si elle chantait, elle se faisait remarquer par la fraîcheur et la pureté de sa voix; et quand elle dansait, tous ses gestes avaient un charme indéfinissable. Aussi le seigneur *niu-dau* l'aimait-il éperdument, et toute son affection se porta sur elle.

« *Hotoke-go-zen* votre petite servante, » lui dit-elle, « était venue « vous trouver sans avoir été invitée. Vous l'avez renvoyée; mais *Gi-wau* « ayant intercédé pour elle, vous l'avez rappelée. Bien vite, congédiez-moi « et me renvoyez. » Le seigneur *niu-dau* lui dit : « Cela est impossible; « si *Gi-wau* est jalouse de vous, eh bien, je la renverrai. » *Hotoke-go-zen* répondit : « Chose pareille ne peut avoir lieu. Plus tard, vous ne l'oublieriez « pas et vous auriez des regrets de nous avoir laissées ensemble. Voici, « vous m'avez fait appeler et je suis venue; maintenant, avec votre per- « mission, je m'en irai. »

Alors le seigneur *niu-dau*, sans donner plus de raisons, envoya courrier sur courrier pour dire à *Gi-wau* de s'éloigner promptement. Quoique *Gi-wau* dès l'origine eût pressenti le sort qui l'attendait, elle n'avait point pensé que le moment fût si rapproché. Quelque chose gênait-il le *niu-dau?* aussitôt l'ordre donné, l'obstacle était écarté, et il fallait bien s'éloigner si

158 *Kame-oka* 龜岡.

159 *O-maye* 御前.

160 Le pin, la grue et la tortue étant les emblèmes de la longévité, *Hotoke* souhaite ainsi à *Kyomori* des jours nombreux.

161 La Pl. I se placera en tête de l'ouvrage. La Pl. II se rapporte au récit de la page 7.

telle était sa décision. Ah! quelle triste chose que de se séparer quand on a demeuré à l'ombre du même arbre, quand on a puisé l'eau du même courant dans le creux de sa main, et surtout quel chagrin, quel regret on éprouve en quittant l'endroit où pendant trois ans l'on a vécu! Lorsque *Gi-wau* eut séché ses larmes inutiles et rassemblé ses idées, elle traça sur un châssis[162], en souvenir de ces années de bonheur qui ne devaient plus revenir, les quelques vers qui suivent :

Moye idzuru mo
Kararu mo onazi
Nobe-no kusa
Idzure ka, aki-ni
Avade hadzu beki

Soit qu'elles germent, soit qu'elles se dessèchent, les herbes du même pré, quand arrive l'automne, de toute manière doivent périr.

Puis montant sur un char, elle s'en retourna dans sa demeure. Là, couchée derrière un châssis, elle ne faisait que pleurer. Sa mère et sa sœur cadette, la voyant si triste, lui demandèrent ce qu'elle avait, mais elle ne pouvait rien leur répondre. Ce fut par les femmes qui l'avaient accompagnée qu'elles apprirent ce qui s'était passé.

Les choses étant ainsi, les cent *koku* et les cent *kuran* que tous les mois *To-zi* recevait en présent, cessèrent de lui être envoyés. Les parents d'*Hotoke-go-zen* à leur tour commencèrent à vivre dans l'opulence. Lorsque le bruit s'en répandit dans la capitale, on se demanda si vraiment *Gi-wau* n'avait pas été renvoyée du château de *Nisi-yatsu-deu* par le seigneur *niu-dau*. Le seigneur *niu-dau*, se ravisant alors, lui envoya lettre et messager pour la prier de se rendre auprès de lui et de le distraire. Néanmoins *Gi-wau* ne voulut ni recevoir l'envoyé ni lire la

162 *Syau-zi* 障子.

lettre où le seigneur *niu-dau* l'engageait à se présenter de nouveau devant lui pour dissiper son ennui.

Ainsi s'écoula cette année sans amener d'autre résultat. Le printemps suivant, le *niu-dau-syau-koku* envoya un messager à la demeure de *Gi-wau*. Qu'allait-elle faire? Le *niu-dau* la priait de consoler *Hotoke-go-zen* qui paraissait fort triste quand elle venait lui chanter de ces chansons en vogue. *Gi-wau* ne put rien répondre; elle était couchée étouffant ses pleurs. Le seigneur *niu-dau* lui fit de nouveau demander ce qu'elle avait. Mais *Gi-wau* ne donnait aucune réponse. Alors *Zyau-kai* lui dit qu'il était essentiel que prenant parti, elle se décidât à venir ou à ne pas venir.

To-zi entendant cela s'affligeait beaucoup, et, les yeux remplis de larmes, l'exhortait ainsi: « En s'opposant aux volontés du seigneur *niu-* « *dau*, on peut le payer de sa vie. Les choses étant ainsi, c'est à ta déci- « sion que je remets le soin de prolonger ou d'abréger le cours de mon « existence éphémère, sans songer que ma vie est aussi précieuse que ce « monde dont tu fais si peu de cas. » Quoique *Gi-wau* eût décidé d'abord de ne pas aller vers le *niu-dau* qui l'avait traitée si durement, le fond de son cœur se soulevait irrésistiblement en sanglots à l'idée de désobéir aux ordres de sa mère.

Gi-nyo, sa sœur cadette, peinée de la voir se mettre toute seule en route, se joignit à elle avec deux autres camarades et toutes ensemble, montées sur un même char, elles se rendirent au château de *Nisi-yatsu-deu*. Mais *Gi-wau* ne retrouva plus les lieux où elle avait vécu autrefois: la chambre était fort diminuée. Elle se demandait pourquoi, et se désolait qu'on eût ainsi réduit l'habitation qu'elle occupait avant d'avoir été injustement renvoyée. Derrière les manches de sa robe elle cherchait à retenir ses pleurs et à cacher aux autres sa tristesse; mais par les ouvertures s'échappaient les larmes.

En la voyant ainsi, *Hotoke-go-zen* éprouva une grande compassion pour elle, et parlant au seigneur *niu-dau*: « Voyez, » dit-elle, « l'état où se « trouve *Gi-wau!* si vous la rétablissiez dans sa demeure d'autrefois! « quoique votre petite servante vous dise: Congédiez-moi et je m'en irai,— « comme le seigneur *niu-dau* déclare que cela ne lui convient pas, je « dois me soumettre. » Alors le seigneur *niu-dau*, s'adressant à *Gi-wau*, lui dit : « Pourquoi vous tenez-vous à l'écart? Vite, chantez et dansez « pour consoler *Hotoke-go-zen.* » *Gi-wau*, une fois venue, ne pouvait se refuser aux volontés du *niu-dau*. Tout en cherchant à cacher les larmes qui s'échappaient de ses yeux, elle récita la chanson que voici :

« Autrefois, *Hotoke* n'était qu'un simple mortel; nous aussi nous « deviendrons des *Hotoke*. Quand on a vécu en compagnie d'*Hotoke*, c'est « une chose déchirante que la séparation. »

Deux fois, les yeux tout baignés de pleurs, elle récita sa chanson, et l'émotion gagnant les *Taira* qui se trouvaient réunis dans la salle, tous, jusqu'aux *ku-gyau*, *ten-zyau-bito* et *dai-bu* se mirent à pleurer. Le seigneur *niu-dau* lui aussi partagea cette admiration. Il pria *Gi-wau* de venir consoler *Hotoke-go-zen* habituellement et sans y être invitée ; que *Gi-wau* soit ou non en bonne disposition, quand elle danse n'a-t-elle pas toujours le don de plaire?

Gi-wau sortit retenant ses larmes; quoique résolue à ne point se rendre à l'invitation du *niu-dau*, elle n'avait pu résister aux conseils de sa mère. Mais son cœur se remplissait de tristesse à l'idée de reprendre le chemin douloureux de cette vie d'opprobre. « S'il en va ainsi « dans ce monde, » pensait-elle, « maintenant que l'affliction est venue « me trouver, je n'ai plus qu'à mettre un terme à mes jours en me jetant « dans la rivière *Futsi*. »

Gi-nyo, instruite des projets de sa sœur aînée, déclara qu'elle ne quitterait point *Gi-wau*. Leur mère bouleversée poussait des sanglots. « Je « ne savais pas, » disait-elle, « que mes exhortations auraient de telles « conséquences. Combien je me repens aujourd'hui de les lui avoir don- « nées. Si les jeunes filles meurent les premières, qu'ai-je à faire sur le « déclin de l'âge, de rester seule dans ce monde? Moi aussi je dois suivre « le même sentier. » La mère et les deux filles étaient ainsi plongées dans la douleur. Devant l'opprobre qui l'attendait, *Gi-wau*, saisie de tristesse, avait résolu de se noyer; mais se précipiter dans les eaux sous les yeux de sa mère, quand l'heure de la mort n'a pas encore sonné, ce serait évidemment commettre les cinq péchés. Et si quelqu'un venant de la capitale la surprenait!

Elle se dit alors, qu'elle changerait ses desseins, et, âgée de vingt et un ans, elle se dépouilla complétement de sa chevelure olivâtre. *Gi-nyo*, qui voulait partager le sort de sa sœur jusqu'à périr avec elle dans la rivière, changea aussi son extérieur [165]; elle n'avait que dix-neuf ans, mais en présence d'un pareil mépris du monde, comment rester en arrière? Et la mère, à son tour, se dit: « A quoi bon garder ces cheveux blancs « sur ce vieux crâne? » et, à l'âge de quarante-cinq ans, elle se rasa la tête. Ces trois personnes allèrent s'établir dans un village de montagne derrière *Sa-ga* [164]; là, toutes ensemble, habitant une hutte faite de ces broussailles qu'on ramasse en automne, elles persévéraient dans la prière et désiraient ardemment la vie future.

Or, il arriva qu'une fois, après le crépuscule, quelqu'un frappa au treillis de bambou qui servait de porte. La bonzesse étonnée se demanda qui donc pouvait frapper; car même de jour, dans ce village de montagne, aucun étranger ne se présentait. Quand elle eut ouvert, voici c'était *Hotoke-go-zen* qui venait faire visite à *Gi-wau* (Pl. IV). Elle retenait ses pleurs et parlait ainsi: « Quel ressentiment n'avez-vous pas éprouvé! il ne « vaut pas la peine qu'on parle à une femme comme moi. C'est une folie « de ma part que d'avoir payé d'ingratitude vos bienfaits. En voyant la « manière dont on vous avait chassée, je pensais sans cesse que mon tour « viendrait un jour ou l'autre, et la compassion que j'éprouvais pour vous « me rendait toute triste. J'ai médité ce que votre pinceau a tracé sur le « châssis, à savoir qu'avec l'automne arrive pour toutes le terme de la « vie. Aussi, résolue de changer d'existence, et ayant appris que vous « aviez consacré votre vie à Bouddha, je demandais souvent au seigneur « *niu-dau* de me laisser aller; c'était mon ardent désir, mais il n'a point « voulu consentir. Absorbée dans mes réflexions, je considérais que, s'il « est difficile de faire son salut, il est rare aussi de trouver l'enseigne- « ment de Bouddha. Une vie prospère est sans doute le rêve de l'exis- « tence; mais chez les vieux, comme chez les jeunes, le souffle de la vie « s'éteint plus prompt que l'éclair qui disparaît aussitôt qu'apparu. On

[163] C'est-à-dire que les deux sœurs se firent religieuses.

[164] *Sa-ga* 嵯峨, localité du district de *Kato-no* 葛野, dans la province *Yama-siro*.

« passe sur cette terre quelques jours fortunés ; mais l'enfer où l'on est « précipité, vous attend dans la vie à venir. Troublée par ces pensées, « de grand matin, profitant de la brume, je me suis échappée, et c'est « ainsi que je suis venue vous trouver ici. » Et comme elle écartait le vêtement qui la recouvrait, la bonzesse sortit promptement au-devant d'elle, et lui pardonna aussitôt ses fautes passées. Devenir tous ensemble un même nénuphar dans l'adoration de Bouddha, le cœur peut-il concevoir quelque chose de meilleur? Après avoir marché à l'aventure, en tombant sur des tapis de mousse, dans les fentes des rochers ou au milieu des racines de sapin, terminer une vie qui pourtant ne s'éteint pas, n'est-ce pas réaliser son désir d'entrer dans le paradis de Bouddha en invoquant son saint nom?

Cachant sa figure derrière ses manches, *Hotoke* pleurait et poussait des sanglots. *Gi-wau* également avait les yeux remplis de larmes. Même dans ses rêves, il ne lui était point venu à l'esprit que *Hotoke-go-zen* pût avoir de telles pensées. Quant à elle, soit tristesse, soit irritation contre ses semblables, elle avait changé de vie ; et, retirée à *Sa-ga* au milieu de ce monde périssable, elle gémissait sur le triste état de son existence. Chez *Hotoke-go-zen*, au contraire, il n'y avait ni chagrin ni ressentiment ; elle avait alors à peine dix-sept ans, que déjà fatiguée de cette terre d'impureté, elle cherchait dans une ardente prière à être admise au paradis de Bouddha. La joie remplissait son cœur et elle s'appliquait à devenir vertueuse autant qu'instruite.

Eh bien! ces quatre personnes qui s'étaient confinées dans une même retraite, pour travailler toutes ensemble à leur salut, plaçaient des fleurs et des parfums devant Bouddha. Dans une calme activité, elles vaquaient à leurs nouvelles occupations sans penser à autre chose. L'on sait que toutes entrèrent dans le paradis de Bouddha et purent ainsi voir se réaliser leurs désirs. Honneur aux âmes de *Gi-wau*, de *Gi-nyo*, de *Hotoke* et de *To-zi* dont les noms sont inscrits sur le livre des mémoires du grand temple du *hau-wau Go-sira-kava*!

HOTOKEGOZEN SE RETIRE AUPRÈS DE GIWAU

ATSUME
GUSA
POUR SERVIR
A LA
CONNAISSANCE
DE
L'EXTRÊME ORIENT
RECUEIL PUBLIÉ
PAR
F. TURRETTINI

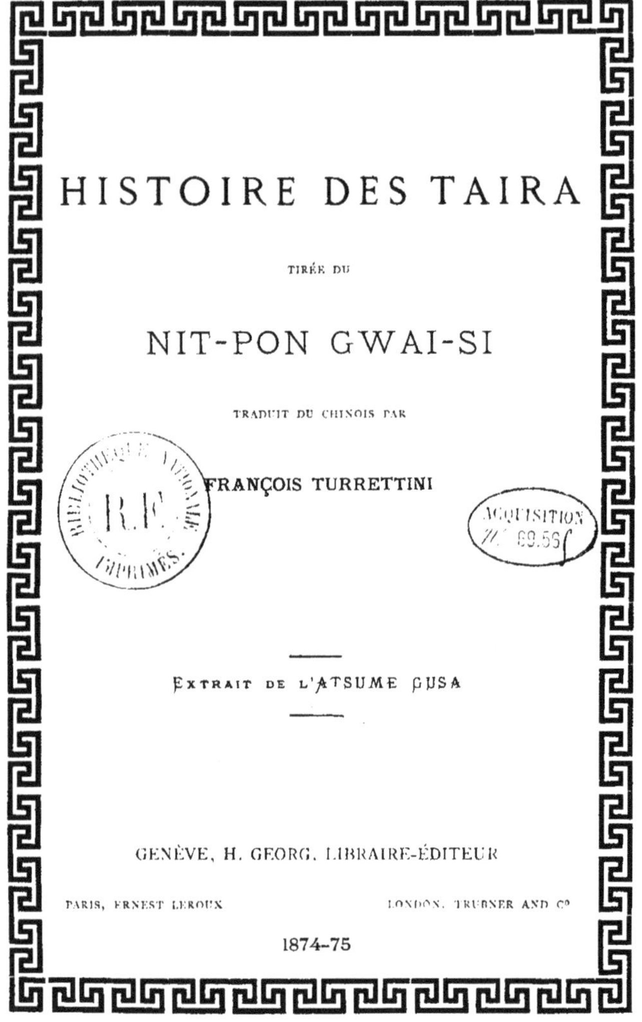

HISTOIRE DES TAIRA

TIRÉE DU

NIT-PON GWAI-SI

TRADUIT DU CHINOIS PAR

FRANÇOIS TURRETTINI

EXTRAIT DE L'ATSUME GUSA

GENÈVE, H. GEORG, LIBRAIRE-ÉDITEUR

PARIS, ERNEST LEROUX — LONDON, TRUBNER AND C°

1874-75

Dans la traduction[1] que nous avons donnée du premier chapitre du *Heike Monogatari*, le lecteur aura pu se faire une idée de ce roman historique qui raconte la prospérité et la chute de la famille Taira. Avant de donner la suite, nous présentons dans ce volume le résumé des faits historiques qui ont servi de base aux récits du *Heike Monogatari*.

Les pages suivantes son tirées du *Nitpon-Gwaisi* 日本外史 et comprennent les feuillets quatre à quarante-neuf du premier des vingt-deux cahiers dont se compose cette *Histoire du Japon*. Le récit continue après la catastrophe de *Dan-no-ura* jusqu'au moment ou Mori-tsugu, le dernier des Taira, est découvert et mis à mort par l'impitoyable Yori-tomo. Cet ouvrage passe pour fort bien écrit et jouit d'une grande réputation. Pourtant le lecteur européen n'y trouvera aucune des qualités qui distinguent les historiens de notre époque. Entre les différentes parties du récit de l'auteur japonais il n'existe pas de proportions, là des discours trop longs ou trop concis, ici des faits peu importants et sans liaison entre eux, le tout broché d'anecdotes.

[1] Formant le fascicule 1er de l'*Atsume Gusa*.

Cette histoire est écrite dans la seconde manière[2], c'est-à-dire tout en chinois, avec numéros à l'usage des Japonais. Comme les secours grammaticaux et lexicographiques fournis jusqu'à présent par les sinologues n'empêchent point le traducteur d'un texte chinois quelconque d'hésiter fréquemment sur le sens qu'il faut donner à telle ou telle phrase, nous avons profité du séjour à Genève de M. Osame Yzouka pour suppléer à cette insuffisance.

Le secours de ce *gentleman* japonais nous a été particulièrement utile pour la lecture des noms propres. Car nous ne possédons pas d'ouvrages, si tant est qu'il en existe, déterminant dans quels cas le caractère chinois doit être lu *koye* ou *yomi*[3] et fixant son correspondant exact en japonais, correspondant qui ne sera pas le même s'il s'agit d'une personne ou d'une localité.

Pour les déterminations de localités et de charges, c'est surtout au moyen du dictionnaire *Syou-gen-zi-kau* 書言字考 et de la grande encyclopédie *San-tsai-dzu-ye* 三才圖會 que nous avons tenté de les faire.

[2] Voir la préface de *Komats et Sakitsi* dans le *Ban-zai-sau*.

[3] En général, les noms bouddhiques sont en *koye*.

HEI-KE MONO-GATARI

L'HISTOIRE DES TAIRA

TIRÉE DU

NITPON-GWAI-SI

A famille Taira descend de Kwan-mu-ten-wau. Cet empereur épousa Ta-tsi-hi-mo-so[1] qui lui donna quatre fils. L'aîné fut le *sin-wau*[2] Kadzura-bara. Il montra, dès son enfance, des talents précoces, et se distingua plus tard par sa modestie et l'honnêteté de son caractère; il aimait à lire les livres classiques et les ouvrages des historiens qui étaient pour lui comme un miroir où il voyait grandir et crouler les dynasties. Dans les classes des dignités[3] il passa par les quatre divisions, devint

[1] 多治比莫.

[2] 親王, titre porté par les oncles de l'Empereur; ses frères et ses fils ne sont *sin-wau* que s'il le décrète; autrement ils sont appelés *syou-vau*, 諸王.

[3] On trouve dans le *Sg. k.* (*Syou-gen-ai-kau kiuen*) 3, 26 r. (page 26, recto) les indications suivantes: 1° à *syau-itsi-i* 正一位: Les dignitaires des huit classes sont, dans les trois premières, divisés en *premiers* (*syau*) 正 et

ministre de l'instruction publique et eut pour fils Taka-mi[4]. Ce fut sous Taka-motsi son petit-fils, qu'on accorda à la famille le titre de *Taira*. Gouverneur du Kadzusa, ses descendants eurent sous tous les règnes des emplois militaires. La couleur rouge fut adoptée pour le drapeau de la famille. Taka-motsi eut quatre fils : Kuni-ka, Yosi-masa[5], Yosi-kane[6], Yosi-fumi[7]; tous furent gouverneurs dans les provinces orientales ou généraux chargés de veiller à la sûreté de l'empire. Le fils de Kuni-ka est Sada-mori. Ses goûts le portaient vers l'art militaire et il tirait fort bien de l'arc; il fut *sa-ba-no-kami*[8].

Le fils de Yosi-masa est Masa-kado. Homme cruel et rusé, il chercha un appui dans le *set-syau*[9] Tada-hira pour devenir *ke-bi-ï-si*[10]. Mais Tada-hira repoussa ses avances. Masa-kado, fort en colère, partit pour les provinces de l'Orient; il se fortifia dans le canton de *Sau-ma*[11] et s'empara du Hi-da et du Simo-dzuke en y semant la terreur. A cette époque, Kuni-ka était *dai-zyau*[12] du Hi-da, et Yosi-kane, gouverneur du Simo-dzuke. Ils étaient en discorde avec Masa-kado. Finalement dans les années *seu-hei* (931-937), Masa-kado attaqua et tua Kuni-ka; ensuite il se rendit à la capitale. Un jour, accompagné de cinq ou six cavaliers, il fit visite au *sin-wau*

seconds (zyu) 從, quoique placés sur le même rang, et dans les autres groupes, en *supérieurs (syau)* 上 et *inférieurs (ka)* 下; 2° à *zyu-itsi-ï* 從一位 : C'est, depuis le règne de l'empereur Kwau-zin-tei, le rang le plus élevé que les sujets de l'Empereur puissent atteindre et c'est celui qu'occupe le *dai-zyau-dai-zin*.

4 高見. 5 良將.

6 良兼. 7 良文.

8 Directeur des haras.

9 Voir f° (feuille 2 de l'*Atsume Gusa*), n. (note) 111.

10 Voir f° 2, n. 72.

11 *Kovori* du Si-mousa.

12 Voir f° 1, n. 24.

Atsu-sane[13]. Par hasard Sada-mori y allait aussi, et il se rencontra avec Masa-kado comme celui-ci sortait. Alors Sada-mori s'adressa aux passants, et leur dit : « Masa-kado est un perturbateur, je regrette de n'avoir pas aujourd'hui mes soldats avec moi ; que celui qui en a le frappe et le tue! »

Sada-mori se démit de toutes ses fonctions et partit pour l'Orient. Désirant venger son père, il fit alliance avec Yosi-kane et son frère Yosi-masa. Tous ensemble ils attaquèrent Masa-kado, mais sans succès. Alors Sada-mori leur dit : « Nous soutenons une guerre privée : puisque la fortune ne nous sourit pas, le meilleur parti à prendre est d'obtenir un ordre de l'Empereur pour attaquer Masa-kado ; ainsi, allons à la capitale nous le faire donner. » Mais dans le Sina-no, où Masa-kado l'attendait, Sada-mori fut attaqué, et après avoir essuyé une grande défaite il entra secrètement dans la capitale, suivi seulement de quelques soldats de Yosi-kane. Masa-kado se fortifia dans le Simo-dzuke ; puis il attaqua Kore-hira, gouverneur du Hi-da, le fit prisonnier et s'empara de cette province.

Oki-yo-wau[14], gouverneur du Musa-si, homme cruel et dangereux, se réjouit de ces troubles, et se rendit auprès de Masa-kado pour l'encourager. « Les huit provinces du *Kuan-tou*[15], lui dit-il, sont d'une fertilité sans égale. On pourrait s'y fortifier, et accroître sa puissance jusqu'à s'emparer de tout le Japon. Qu'un homme prenne une province et en tue les habitants ou qu'il prenne huit provinces et en tue les habitants, c'est le même crime dans l'un et l'autre cas. En examinant la situation, seigneur, que décidez-vous ? » Ce discours remplit de joie le rusé Masa-kado, qui attaqua le Simo-dzuke, le Kau

13 實敦. 14 興世王. 15 Voir f° 75 (du *Ban-zai-san*), n. 2.

-dzuke, le Musasi et le Sagami et soumit à sa puissance toutes ces provinces. Cependant son frère cadet Tada-hira[16] lui adressa quelques remontrances et le pria de songer qu'on ne doit pas avoir un désir contraire à celui de l'Empereur. Masa-kado répliqua : « La preuve que le ciel me favorise dans mes entreprises militaires, c'est que personne ne saurait m'empêcher de prendre le trône. » Alors il se construisit une façon de palais impérial, dans l'île de *Saru-sima*[17], qui dépend du Simo-dzuke. Il créa aussi un corps de fonctionnaires lettrés et militaires[18].

Sumi-tomo était l'ami d'enfance de Masa-kado un jour qu'ils étaient montés ensemble sur le *Hi-yei-san*[19] ils virent à leurs pieds le château de l'Empereur et se dirent : « Que c'est beau ! N'est-ce pas là que doivent habiter les héros ? » Et depuis ce moment ils méditèrent ensemble de se révolter. Masa-kado disait à son ami Sumi-tomo : « Une fois je réaliserai mes projets ; je suis de la famille royale, il faut que je sois empereur ; toi tu es de la famille Fudzivara, ne pourras-tu pas être mon *kwan-baku* ?[20] »

16 正平. 17 猿島.

18 *Hyaku-kwan* 百官. *Hyaku* (cent) a le sens de nombreux, et ne signifie point qu'il y ait *cent* fonctionnaires ; cette expression indique l'ensemble des fonctionnaires. (*Sgz.* k. 3, 27 v.)

19 Le *Hi-yei-san* ou *He-ye-yama* 比叡山 porte aussi les noms de *Ten-dai-san* 天台山, *Gon-gaku* 艮岳, *Tai-gaku* 台岳 et *Hoku-rei* 北嶺. Il est situé dans le kovori *Si-ga* 志賀, de la province Aumi. On y voit les idoles du Kwan-on *Yaku-si* 藥師 et du San-wau *Tsin-zi* 鎮守. Dans le Go-ki-nai on a coutume de dire la *montagne* pour le mont Hi-yei-san et le *monastère* pour le couvent de *Mi-i-dera* 三井寺. (*Sgz.* k. 2, 20 r.)

20 關白, *kwan-baku* ou *atsukari-mausu* porte aussi le nom de *sit-pei-den-ka* 執柄殿下. Seuls les grands fonctionnaires de la famille impériale peuvent être investis de cette charge importante qui met

Or, Sumi-tomo était gouverneur du I-yo; ses fonctions étant expirées, elles ne lui furent pas conférées de nouveau. Il se fortifia dans les îles de la mer et devint pirate; de loin, il aidait Masa-kado et leurs opérations concouraient au même but. Il envoya des hommes, qui entrèrent secrètement dans la capitale, et pénétrèrent jusqu'au marché de *Kwa-bau*[21], quoique les portes de la ville fussent sévèrement gardées.

Or on était dans la deuxième des années *ten-ki* (939), F.[22] Tada-fumi[23] fut nommé *san-gi*[24], et créé général en chef pour la campagne d'Orient; il prit avec lui tous les généraux, leva des soldats vers la mer orientale et dans les montagnes de l'Orient ou en attira sous ses drapeaux par la promesse de grandes récompenses. Sada-mori, nommé gouverneur du Hi-tatsu, porta son armée à la rencontre de Masa-kado. Celui-ci alla chercher Sada-mori dans le Hi-tatsu; mais ce fut sans succès. Alors il licencia ses troupes; et, seul avec un millier d'hommes environ, il gagna le Simo-dzuke.

Dans cette province se trouvait Hide-sato, envoyé par l'Empereur pour soumettre les factieux[25]. Sa famille, sous tous les règnes, jouit d'une grande considération. Masa-kado levait des troupes. Hide-sato vint le voir. Masa-kado, occupé à peigner sa chevelure, la saisit à pleine main et sortit au devant de lui. Les voilà en présence l'un

entre les mains du titulaire la direction de toutes les affaires du gouvernement. (*Sgz.* k. 2, 20 r.)

21 火坊.

22 Les abréviations F. T. M. désignent les familles *Fudzivara*, *Taira*, *Minamoto*.

23 忠文.

24 參議, charge qui, en Chine, porte aussi les noms de 諫議大夫 *kien-i-ta-fu*, 相公 *siang-kong*, 宰相 *tsai-siang*, 八坐 *jo-tso*. Depuis longtemps au Japon le *san-gi* s'appelle *sai-syau*; en Chine ses fonctions ne sont pas les mêmes. (*Sgz.* k. 3, 24 v.)

25 *Kau-riu-si* 押領使.

de l'autre. Masa-kado fit servir des mets qu'ils prirent ensemble, et une boulette de riz étant tombée à terre, il la mangea. Hide-sato comprit alors que Masa-kado n'était pas un homme sérieux, avec lequel on pût traiter affaire, et il suivit le parti de Sige-mori.

Sige-mori s'étant assuré que Masa-kado n'était pas prêt, rassembla et équipa avec Hide-sato plus de 4000 hommes. Masa-kado voulut opposer résistance, mais il fut complétement battu, et Sige-mori profita de la victoire pour l'attaquer promptement. Masa-kado, qui désirait l'attirer dans les montagnes, courut se fortifier dans le massif du *Tou-kou-san*[26]. Sige-mori mit le feu au camp du rebelle, puis lui livra une grande bataille dans les montagnes du Nord. A la fin, comme Masa-kado avec quatre cents cavaliers qui lui restaient semblait vouloir lutter jusqu'à la mort, Sige-mori fit signe à ses soldats de les serrer de près. Bientôt Masa-kado, resté seul, prit la fuite, et Sige-mori criait qu'on le poursuivit. Une flèche lui fut lancée qui l'atteignit au front à droite et le renversa de son cheval. Hide-sato lui coupa la tête. Kou-se-wau et les officiers d'un moindre grade furent tous tués, et leurs têtes exposées sur l'échafaud de la capitale. L'ordre fut rétabli dans les huit provinces, et Sumi-tomo demanda la paix. Tada-fumi et ses partisans rentrèrent dans le bon chemin.

Pour récompenser Sige-mori de ses services, on le porta à la deuxième division de la cinquième classe, et plus tard de la quatrième classe en lui confiant la charge de *tsin-zyu-fu-no-syau-gun*[27]. En même temps il fut nommé gouverneur du Mu-tsu. Ses contemporains l'appelèrent « le *syau-gun* des Taira[28]. » Les quatre fils de Sige-mori, Tosi

[26] 島廣山.

[27] Voir fo 1, n. 2.

[28] C'est-à-dire, le général des *Taira*.

-kore-hira[29], homme d'un grand courage, T. Masa-yori[30], M. Yori-nobu[31] et F. Yasu-taka[32] ont une égale renommée et sont appelés « les quatre *ten-wau*[33]. » Kore-hira fut gouverneur du Simo-dzuke. Plus tard, il eut avec Masa-yori une querelle privée, pour laquelle il fut puni et déporté dans l'Avadzi. Sige-mori éleva aussi un fils bâtard nommé Kore-motsu[34]. Aussi brave que Kore-hira, les historiens le place cependant après lui. Masa-mori[35], petit-fils de Kore-hira, eut en partage les talents militaires. A cette époque les Minamoto et les Taira avaient chacun des troupes à leur service.

Yosi-iye[36] établit sa réputation en combattant aux frontières éloignées de l'empire. Sa famille avait un renom de bravoure. Son fils aîné Yosi-tsika fut fait gouverneur du Tsusi-ma. Il s'accagea neuf provinces et en tua les magistrats. Envoyé en exil dans l'Oki, il s'échappa en route et retourna dans l'Idzumo. Là, il massacra les fonctionnaires, s'empara de la caisse de l'Etat, et exerça son pouvoir avec une violence extrême. Alors l'Empereur créa Masa-mori *sui-tau-si*[37] et il lui remit un bâton de commandement[38]. Masa-mori se mit à la tête des troupes pour châtier les rebelles; il livra bataille à Yosi-tsika, lui coupa la tête et l'exposa sur l'échafaud de la capitale.

On était alors dans la première des années *ten-nin* (1108). Masa-mori eut un fils nommé Tada-mori. Tada-mori habita tantôt dans l'I-ya, tantôt dans l'I-se; il était borgne. Dans les années *dai-dzi* (1126-1130), au Midi et à l'Est apparurent des brigands. Tada-mori les poursuivit,

29 子維衡.

30 致信. 31 頼信.

32 保昌.

33 C'est-à-dire. Les quatre princes célestes.

34 維茂. 35 正盛.

36 義家.

37 追討使. Litt. : Lieutenant chargé de poursuivre et châtier les rebelles.

38 *Taku-rei* 鐸鈴, sorte de bannière à clochettes.

s'en empara et en acquit du mérite; au service des deux *zyau-kwau*[39] Sira-kava et To-ba, il était aimé aimé de l'un et de l'autre. Le *zyau-kwau* To-ba le chargea de bâtir le temple *Toku-tsyau-zyu*[40].

L'édifie achevé, Tada-mori fut nommé gouverneur du Ta-zima et on lui accorda l'entrée au palais, ce qui excita contre lui la jalousie des grands de la cour. Ceux-ci méditèrent de le frapper à la faveur de la nuit au *setsu-ye*[41] *Toyo-no-akari*[42]. Tada-mori se dit : « Si je vais à la cour je serai l'objet de leurs railleries; et si je n'y vais pas, on attribuera mon absence à la peur; dans tous les cas le déshonneur rejaillira sur ma famille. » Alors se ceignant d'une épée, il entra au palais. Son serviteur Iye-sada[43] et son fils Iye-naga[44], le casque sur la tête, le suivaient. Mais les gardes les arrêtèrent sur le seuil de la porte, les apostrophant avec dureté. Iye-sada répondant leur dit : « S'il arrive quelque malheur à mon maître, moi son serviteur, je dois partager son sort. » Et ils forcèrent la consigne.

Tada-mori entra au palais; quand la nuit fut venue il tira son épée; or l'éclat que jetait cette arme se voyait de tous les coins de la salle. A cette vue, chacun saisi de frayeur, garda le silence. Quand on commença à servir le vin, l'Empereur fit appeler Tada-mori et lui ordonna d'exécuter une danse. Alors tous se mirent à chanter : « Voilà la jarre de

39 L'empereur qui abdique prend le titre de *zyau-kwau* 上皇 quand il reste dans la vie civile, et de *hau-wau* quand il entre en religion. D'après le *Sgz.* k. 3, 23 v., *zyau-kwau* est abrégé pour *dai-zyau-kwau*.

40 得壽長. Litt. : Pour acquérir la longévité.

41 *Setsi-ye* 節會 ou festin donné aux nobles qui viennent complimenter le souverain à certains jours de fête.

42 Le *Toyo-no-akari* 豊明 est le cinquième *setsi-ye* de l'année et a lieu au onzième mois.

43 家貞.

44 家長.

vinaigre *(tsugame)*, voilà le tonneau de vin *(hei-zi)* du I-se[1]. » Tada-mori, couvert de confusion, n'attendit pas la fin du banquet pour se retirer; il appela le portier[2], lui remit son épée et sortit.

Il n'y eut qu'une voix pour accuser Tada-mori d'être entré au palais avec son épée, et d'avoir amené des soldats pour le protéger; tous demandèrent qu'on le punît sévèrement. L'Empereur fut très-étonné. Il fit venir Tada-mori et l'interrogea. Ce dernier répondit : « Le domestique de votre serviteur avait entendu sur son chemin certains propos, c'est pourquoi il m'a suivi, mais c'est à l'insu de votre serviteur qu'il est venu. L'Empereur décidera si c'est un crime. Quant à cette épée, dont j'étais ceint, je vous prie de la demander au portier. » Celui-ci l'apporta; or c'était une épée de bois couverte de papier d'argent. L'Empereur, dans son admiration, s'écria : « Il n'y a pas lieu de poursuivre plus loin cette enquête. »

Tada-mori monta de grade en grade, entra dans la quatrième classe *(syau-ka)*[3] et devint ministre de la justice. Il mourut dans les années *nin-nei* (1151-1173). Tada-mori eut sept fils, Kyomori, Tsune-mori, Nori-mori, Iye-mori[4], Yori-mori[5], Tada-sige[6] et Tada-nori[7]. Kyo-mori fut le plus aimé et le plus honoré.

[1] On se rappelle que Tada-mori, originaire de la province d'Ise, était borgne *(tsugame)* et membre de la famille Taira ou *Hei-zi*.

[2] 主殿司.

[3] La note 3, f° 114, doit être complétée ainsi d'après l'article *itsi* 一位 (*Sgz.* 3, 27) : « ..... pour les classes quatre à huit il y a les divisions *syau, zyu, syau* et *ka.* » Voir la note 19, f° 1, tirée de Dickson. — L'article 品 (k 3, 27) nous apprend que *i* 位 désigne les classes des dignitaires et *hon* 品 les rangs chez les *sin-wau*. L'on peut inférer du passage : « (Le *sin-wau* Katsurabara) 叙四品 » que ces rangs étaient au nombre de quatre.

[4] 家盛.

[5] 頼盛.

[6] 忠.

[7] 忠度.

Quand Tada-mori était au service de Sira-kava, la favorite de ce prince demeurait près de la pagode de *Gi-on*[8]. Une certaine nuit que le *ʒyau-kwau* s'y rendait, il pleuvait beaucoup; tout à coup l'on crut voir la crinière du démon, c'était comme un faisceau d'aiguilles qui tantôt apparaissaient et tantôt disparaissaient. Tada-mori, qui avait reçu l'ordre de tirer sur ce fantôme, réussit à s'en emparer; et voici, c'était un vieux bonze qui avec des pailles s'était fait un chapeau; il portait un brasero et marchait en soufflant dessus, pour entretenir le feu; il raconta qu'il se rendait au temple pour allumer les lampes. Sira-kava, témoin de cet acte de courage, déclara qu'on pouvait compter sur un homme aussi brave que Tada-mori et son affection pour lui ne fit que grandir.

Tada-mori eut avec Hei-ye-sa-kyoku[9], dame d'honneur chargée d'accompagner le *ʒyau-kwau* dans ses voyages, des rapports clandestins. Cette personne étant devenue enceinte, Sira-kava offrit à Tada-mori l'enfant qui naîtrait, en disant : « Si c'est une fille, je m'en chargerai; si au contraire c'est un enfant mâle, tu l'élèveras comme ton fils. » Hei-ye-sa-kyoku mit au monde un garçon qui fut Kyo-mori. Dans la suite, Tada-mori eut d'une autre union deux fils, Iye-mori et Yori-mori.

Kyo-mori se rangea du côté de l'Empereur; dans les années *tai-dʒi* (1126-1130), il fut nommé au poste de *sa-ye-mon-no-ʒyau*[10]; promu de

[8] *Gi-on* 祇園 est dans le district de *Yatsu-zaka* 八坂, du cercle *O-tagi* (*Atago*) dans la province de Yamasiro. (*Sgz.* k. 2, 9). – *Gi-on-syau-zya* 祇洹精舎, c'est-à-dire le monastère de Djeta, dans l'Inde, est situé à 4 *li* au sud du royaume de Sravasti. Il fut construit par un homme riche du nom d'Anathapindika. (*Sgz.* k. 2, 8.)

[9] 兵衛佐局.

[10] *Sa-ye-mon-no* 左衛門, *-zyau* 尉, *-kami* 督, ou *-fu* 府, officier supérieur chargé de lever des troupes. Voir la note de Klaproth, p. 180 des *Annales des Empereurs du Japon*. — En Chine on l'appelle *tso-kin-go* 左金吾. (*Sgz.* k. 3, 24.)

grade en grade, il fut porté à la quatrième classe *(syau-ka)*; puis nommé gouverneur de l'Aki, il s'embarqua pour aller prendre possession de son gouvernement. Pendant la traversée, des poissons sautèrent dans le navire; on vit là un signe que la famille deviendrait grande et prospère.

L'empereur To-ba avait cédé le trône à son fils aîné qui régna sous le nom de Siu-toku. Syau-si[11], mère du nouvel empereur, ayant été élevée par le *hau-vau* Sira-kava, qui continuait à l'aimer tendrement, connaissait à fond les choses du gouvernement. To-ba en fut jaloux et il ne voulut point reconnaître Siu-toku pour son fils; quand il le regardait, il disait : « C'est l'enfant de son oncle. » La fille préférée de To-ba s'appelait Toku-si[12], et était surnommée *Bi-fuku-mon-in*[13]. Elle mit au monde un fils nommé **Tosi-hito**[14], et ordonna à Siu-toku de l'élever pour en faire l'héritier du trône. Siu-toku résigna ses pouvoirs entre les mains de cet enfant qui monta sur le trône à l'âge de quatre ans et fut appelé Kon-ye.

A la mort de Kon-ye, Siu-toku désira recueillir sa succession. Il avait pour fils Sige-hito[15], déjà grand et prince sage, que les vœux de tous appelaient au trône. Bi-fuku maudissait Siu-toku, qu'elle rendait responsable de la mort prématurée de Kon-ye. Elle conseilla secrètement à To-ba de nommer Empereur un enfant de la même mère que Siu-toku, Masa-hito[16], connu plus tard sous le nom de Go-zira-kava.

L'étonnement fut général. Siu-toku entra dans une grande colère. Il fit venir le *sa-daï-zin*[17] Yori-naga[18] et lui parla avec bonté. Yori-naga

11 璋子.

12 得子.

13 美福門院.

14 體仁.

15 重仁. 16 雅仁.

17 Le *sa-dai-zin* 左大臣 ou ministre de la gauche vient tout de suite après le *dai-syau-dai-zin*. En Chine, cette charge porte les noms de *cing-siang* 丞相, *cing-pu-xe* 丨僕射, *tai-fu* 太傅. (Sg. k. 3, 24.)

18 賴長.

homme intelligent et rusé, était appelé par ses contemporains le mauvais *sa-fu*[19]. Il avait disputé à Tada-mitsi[20], son frère aîné, le pouvoir dont il était investi, mais sans succès; il désirait faire remonter sur le trône Siu-toku pour diriger lui-même les affaires du gouvernement. Aussi le vit-on provoquer des troubles et embaucher ouvertement des troupes. La situation était critique.

La première des années *hau-gen* (1156), au septième mois, le *hau-vau* To-ba mourut et on l'enterra de nuit. Siu-toku leva des troupes et fortifia le château de *Sira-kava*. M. Tame-yosi[21] et ses partisans se rangèrent de son côté. Le *hau-vau* pressentant qu'une révolution suivrait sa mort avait laissé l'ordre de convoquer tous les généraux.

Kyo-mori n'était pas du parti de l'Empereur, peut-être se souvenait-il que ses parents avaient soutenu Sige-hito. « Pourquoi, dit Bi-fuku, se priverait-on des services de la famille Taira ? » Enfin on l'appela. Kyo-mori et tous les siens répondirent à cette invitation. Seul, Tada-masa[22] se rendit au palais du *zyau-kwau*. Le fils de Kyo-mori, Moto-mori[23], homme de principes, était *ken-bi-yi-si*[24]. Il fit prisonnier à *U-dzi*, Tsi-hara[25], partisan du *zyau-kwau*, et sur l'ordre de l'Empereur, Yosi-tomo[26] attaqua le château de *Sira-kava*[27]. Kyo-mori devait rester pour garder le palais. Le *syau-na-gon*[28] Mitsi-nori conseilla à l'Em-

19 *Sa-fu* 左府 ou magistrat de la gauche.

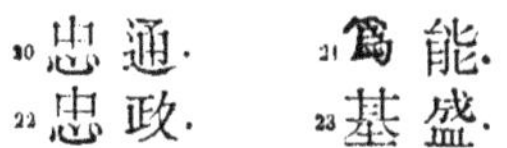

20 忠通. 21 爲能.

22 忠政. 23 基盛.

24 Officier de police. Le chef de la police se nomme *ke* ou *ken-bi-yi-si-bet-tau*. Voir f° 2. n. 72 et Dickson, *Japan*, p. 85.

25 親治. 26 義朝.

27 白河殿.

28 On voit dans les *Annales des Dairi*, p. 426, qu'il y a trois *na-gon* ou conseillers d'Etat. Klaproth les appelle censeurs, à la page 64, réservant le titre de conseiller d'Etat au *san-gi*; le *syau-na-gon* 少納言, comme l'indique son nom, occupe le moindre rang. — Le *Sgz*. k. 3, 27, dit que le *syau-na-gon* est atta-

pereur d'adjoindre Kyo-mori à l'expédition. Sige-mori, le fils aîné de Kyo-mori, suivait son père dans l'attaque de la porte de l'Ouest. Le général préposé à la garde de cette porte, Tame-tomo[29], la défendait vigoureusement. Deux généraux de l'avant-garde impériale périrent, atteints par les flèches ennemies. « Au fait, dit Kyo-mori, l'ordre que j'ai reçu ne comporte pas qu'on doive nécessairement donner l'attaque de ce côté. » Sige-mori n'était pas de cet avis : « Un guerrier doit-il choisir ses ennemis avant de marcher contre eux ? Permettez à votre fils d'enfoncer cette porte. » Kyo-mori ordonna à ses soldats de l'en empêcher. Toutes les troupes furent alors dirigées vers la porte du Sud, et le château de *Sira-kava* capitula.

Le *ȥyau-kwau* sortit précipitamment et chercha un refuge sur le mont *Nyo-ï-ȥan*[30]. Puis s'étant coupé les cheveux pour ne pas être reconnu, il courut à la capitale du Sud. Mais en chemin il fut fait prisonnier, et transporté dans le Sanuki. Yori-naga[31], blessé par une flèche, se donna la mort. L'Empereur ordonna à Kyo-mori de s'emparer de Tame-yosi[32], mais on ne put l'atteindre. Tada-masa, qui s'était éloigné, pria Kyo-mori d'accepter sa soumission. On lui refusa sa demande et il fut mis à mort. Puis il fut décidé qu'on donnerai l'ordre à Yosi-tomo de faire périr Tame-yosi. Kyo-mori devint gouverneur du Harima et remplit la charge de *dai-ni*[33] de *Da-ȥai*. Sige-mori et ses officiers reçurent diverses récompenses.

ché à la personne du Souverain et ne s'occupe pas des affaires du gouvernement. — En Chine, on l'appelle *ki-se-cung* 給事中.

29 為朝.

30 Le *Nyo-yi-zan* 如意山, appelé *Nyo-yi-ga-dake* | | 嶽 dans le *Sgz*. k. 1, 8, est situé dans le cercle *Si-ga* 意 ou 滋賀 de la province Au-mi. Voir *Std*. (*San-tsai-dzu-ye*) k. 71.

31 頼長.

32 為義.

33 Gouverneur de *Ta-zai-fu*, appelée mainte-

On commença à élever le château de *Roku-va-ra*[34]. Yosi-tomo voyant grandir la réputation de la famille Taira en devint fort jaloux ; des dissentiments s'élevèrent entre lui et Mitsi-nori[35]. Celui-ci avait épousé la fille de Kyo-mori et son autorité était grande dans les Conseils de la cour. L'Empereur remit le trône à son fils aîné, qui porta le nom de Ni-zyau-no-ïn. Mais Go-zira-kava comme auparavant dirigeait avec Mitsi-nori les affaires du gouvernement. Nobu-yori, qui était dans les bonnes grâces du *zyau-kwau,* ambitionnait la charge de *kon-ye-dai-syau*[36]. Son protecteur aurait bien désiré la lui accorder, mais Mitsi-nori s'y opposa.

Alors Nobu-yori médita de marcher sur les traces d'*An-roku-zan* (Ngan-lo-xan)[37]; honteux de son échec et plein de ressentiment, il s'unit à Yosi-tomo, et chercha en secret à fomenter des troubles. Ils formèrent une ligue avec Tsune-mune[38], Nari-tsika[39], Kore-kata[40]

nant *Sai-to* 西都 (la capitale du Sud); cette charge en Chine porte le nom de *tou-to-tai-king* 都督太卿. Il y a également le *tou-to-xao-king* qui remplit les mêmes fonctions que le *syau* 少 *-ni*. Voir *Sgz.* k. 3, 20, *dai-ni;* id., k. 1, 27, *ta-zai-fu;* f° 2, 67 et 68.

34 *Roku-za-ra*. Localité du cercle *O-tagi* dans la province de Yamasiro.

35 通憲.

36 近衛大將. Général des gardes de l'Empereur.

37 Originaire du pays de *Hu* 胡; il s'appelait *Kang-ya-lo* 康軋犖; il changea ses noms contre ceux de *Ngan-lo-xan* 安祿山; la quinzième des années *tien-pao* (756 ap. J.-C.), il s'empara de *Cang-ngan* et prit le titre de *Ta-yen-hoang-ti* 大燕皇帝. (*Sgz.* k. 4, 42.) Voir dans Mailla, *Hist. gén. de la Chine*, t. VI, p. 230, l'histoire de ce Tartare qui, après s'être réfugié en Chine et avoir gagné la confiance de l'empereur Hiuen-tsong, se révolta contre lui.

38 經宗.

39 成親.

40 惟方.

et on arrêta les mesures à prendre. Mais les conjurés craignant Kyo-mori n'osaient faire éclater le complot.

Dans l'hiver de la première des années *hei-dzi* (1159), Kyo-mori et Sige-mori à la tête d'une cinquantaine des hommes d'Iye-sada, gouverneur du Tsiku-go, se dirigeaient vers *Kuma-no*[41]. Ayant atteint *Kiri-be*[42], ils virent arriver des messagers de *Roku-vara* qui leur donnèrent les nouvelles suivantes : « La nuit dernière, Nobu-yori, Yosi-tomo, Yori-masa[43] et Mitsi-moto[44], aidés de cinq cents hommes ont assiégé le *San-dzyau-dono*[45], et après y avoir mis le feu, ils ont porté l'incendie au château du *syau-na-gon*, tuant ou blessant nombre de personnes; enfin ils ont enfermé dans le palais le *zyau-kwau* avec le *syu-zyau*[46], et le *syau-na-gon* a failli périr..

Ce récit frappa de stupeur les compagnons de Kyo-mori. « Quel parti prendre ? dit le chef de la troupe. Il faut aller, je pense, à *Kuma-no*, où nous aviserons. » Mais Sige-mori répliqua : « Comme de bons soldats nous volerons au secours de l'Empereur. Quel motif d'indécision ou d'ajournement y aurait-il ? » Kyo-mori répondit : « Comment ferons-nous, n'étant pas équipés. » Alors intervint Iye-sada : « J'y ai pourvu, dit-il; voici une grande caisse où se trouvent cinquante armures, des effets militaires, des arcs et des flèches. » En effet, quand on l'ouvrit, rien n'y manquait. Ainsi pourvu, on fut unanime pour retourner dans le Nord.

A ce moment on apprit que les soldats des Minamoto les attendaient à *A-be-no*[47]. Kyo-mori se dit : « Ceux-là sont une multitude et

41 Localité du cercle *Mu-ro* 牟婁 dans la province de Ki-i. (*Sgz.* k. 3, 8.)

42 切部.

43 頼政.

44 光基.

45 三條殿.

46 主上, l'Empereur.

47 阿部野.

nous sommes peu nombreux, il faut les éviter et nous rendre dans le *Si-koku*. » Et il pensait à lever des troupes. « Profitons au contraire de cette occasion, repartit Sige-mori; si nous la perdons et que nous n'écrasions pas maintenant nos ennemis, ils nous préviendront; tandis que, peu nombreux comme nous le sommes aujourd'hui, il n'y aura aucun déshonneur à être battu. La pire chose qui puisse nous arriver, c'est de mourir. » Mais Kyo-mori ajouta : « Mes idées là-dessus sont fixées. » Et, à la tête de sa troupe, il s'avança rapidement; il n'avait pas encore atteint *A-be-no* qu'il rencontre un cavalier. On pensa que c'était un courrier des Minamoto. Le cavalier se présenta en disant : « J'arrive de *Roku-vara*. Les soldats de ce château sont allés au devant de la litière de l'Empereur, à *A-be-no*. Notre souverain vous prie de revenir. » Alors la troupe, fort joyeuse de cette nouvelle, rentra dans la capitale.

C'est à cette époque que Nobu-yori s'institua premier ministre en même temps que général en chef[48], et que Yosi-tomo et ses officiers[49] reçurent des charges. Nobu-yori se passait de la permission impériale pour porter le bonnet ou se promener en char, et il prit place au-dessus du corps des magistrats. Il entendait toutes les causes et décidait des choses du gouvernement. Si les magistrats, de crainte d'offenser l'Empereur, n'osaient donner ouvertement à cet usurpateur des marques de respect, seul le *sa-ye-mon-no-kami* Mitsi-yori[50] ne courba pas la tête devant Nobu-yori, et dans les Conseils de la cour critiqua la conduite de cet homme. Il chargea son frère Kore-kata de protéger les deux palais en attendant l'arrivée de Kyo-mori. Enfin Kyo-mori revint. Nobu-yori l'ayant appris augmenta les soldats préposés à la garde des portes. D'abord Kyo-mori imagina de lui envoyer le rôle de ses hom-

48 *Dai-sin-dai-syau*. Voir fº 2, n. 102.

49 *I-ge* 以下.

50 光頼.

mes pour lui montrer qu'il n'était pas son ennemi et lui faire ainsi ralentir ses préparatifs. Puis il médita d'arracher l'Empereur de son palais et se concertant avec Kore-kata il mit le feu au grand palais *Ni-dzyau*[1]. Les soldats préposés à la garde des portes quittèrent alors leur poste pour sauver l'édifice. L'Empereur et l'Impératrice montèrent en carosse, et cachés sous leurs vêtements, ils se disposaient à sortir par la porte *Sau-heki-mon*[2]. « Qui va là ! dit le portier. » Kore-kata qui les escortait répondit : « Des gens du palais. » Alors le portier dirigea sa lampe vers l'intérieur de l'équipage et dit : « C'est en règle. » Enfin l'on put sortir. Sige-mori avec trois cents cavaliers vint à la rencontre de l'Empereur et l'introduisit à *Roku-vara*. Là on tint une réunion de tous les fonctionnaires. Le *kwan-baku* Moto-sane[3] y assistait aussi. On croyait généralement qu'il était venu pour voir sa femme, sœur de Nobu-yori. Kyo-mori informé de son arrivée dit : « C'est un officier supérieur; s'il n'était pas venu, moi certainement je lui en aurais donné l'ordre. » Ces paroles calmèrent les esprits.

Le *zyau-kwau* s'enfuit au temple de *Nin-wa-zi*[4], et Nobu-yori avec ses partisans se retrancha comme auparavant dans le *Tai-dai*[5]. Alors l'Empereur ordonna à Kyo-mori de punir les insurgés, et de plus lui fit ces recommandations : « Il faut feindre de battre en retraite, pour

[1] Le *Ni-dzyau* 二條 est situé au sud-ouest du *Kin-ri* ou palais de l'Empereur.

[2] 藻壁門.

[3] 基實.

[4] Le *Nin-wa-zi* 仁和寺 est situé dans le cercle *Tako-no* 葛野 de la province Yamasiro. L'empereur Kwau-kau-ten-wau (885-887) en commença la construction qui fut achevée sous son successeur U-da-ten-wau. Celui-ci devenu *hau-vau*, s'y bâtit un palais qui porta le nom de *O-muro* 御室 et où il fixa sa résidence. (*Sgz*. k. 1, 9.)

[5] *Tai-dai* 大内 ou *Ovo-utsi* signifie palais impérial. Même sens que *Dai-ri* 内裏 ou *Kin-ri* 禁丨. (*Sgz*. k. 1, 25.)

attirer les rebelles hors du palais. Surtout, évitez que la troupe n'incendie le palais. » Kyo-mori répondit : « Moi, je détruirai les insurgés, aussi sûr que s'ils étaient dans la paume de ma main. Que l'Empereur n'ait aucune inquiétude à ce sujet. Mais l'autre ordre que vous me donnez me rend fort perplexe; cependant je ferai tout mon possible pour l'exécuter. »

Alors il équipa trois mille cavaliers, mit Sige-mori, Nori-mori et Yori-mori à leur tête, et partageant ses troupes il les fit marcher vers le *Tai-dai.* Les insurgés ouvrirent les deux portes *Syau-mei-mon*[6] et *Ken-rei-mon*[7] et fermèrent les trois portes *Yau-myau-mon*[8], *Tai-ken-mon*[9] et *Iku-bau-mon*[10]. Ils plantèrent plus de vingt drapeaux blancs[11] et placèrent tout autour des soldats pour les garder. A cette vue les impériaux perdirent contenance. Sige-mori pour les encourager leur dit : « Nous qui sommes de la famille *Hei-ke* nous nous trouvons justement à l'époque *hei-dzi* et dans le territoire de *Hei-an*[12]. N'est-ce pas la preuve que le Ciel est avec nous ? Certainement nous serons les plus forts et nous emparerons de la place. Faisons un énergique effort! » Il forma ses troupes en deux divisions; plaçant l'une sur le chemin du grand palais, il échelonna l'autre jusqu'à la porte *Tai-ken*, et poussant un grand cri de guerre il engagea la bataille. Nobu-yori prit peur et tomba de cheval. Sige-mori enfonça la porte et entra.

Arrivé dans le grand jardin il livra un combat singulier à Yosi

6 昭明門. 7 建禮門.
8 陽明門. 9 待賢門.
10 郁芳門.

11 Les Minamoto adoptèrent la couleur blanche pour le drapeau de leur famille.

12 *Hei-an-zyau* 平安城, dans le cercle *O-tagi*, de la province Yamasiro, est maintenant la capitale du Japon. (*Sgz.* k. 1, 11.)

Sige-mori voyait sans doute aussi, dans la présence du caractère 平 *hei* ou *taira* qui veut dire *paix*, la preuve que son parti l'obtiendrait, après avoir vaincu les ennemis.

-hira[13] qu'il rencontra sous les arbres *mu-ku*[14], devant le château *Si-sin-den*[15]. Sept fois il fit le tour des cerisiers et des orangers, pour saisir son adversaire. A la fin Sige-mori se lassant de cette poursuite inutile quitta la place et arrivé au chemin du grand palais il s'appuya sur son arc pour se reposer. Iye-sada qui l'aperçut s'écria : « On peut dire avec raison que le *syau-gun* des Taira est né une seconde fois[16]. » Sige-mori replaça ses troupes en ordre de bataille et pénétra de nouveau dans la place. Yosi-hira lui cria : « Moi je suis le fils aîné de la famille Minamoto. Toi tu es le fils aîné de la famille Taira. Il faut qu'aujourd'hui nous décidions les armes à la main qui de nous deux doit mourir. » Sige-mori répondit : « Qu'il soit fait selon tes désirs. » Alors il s'avança, combattit, recula et s'enfuit avec deux soldats, Kage-yasu[17] et Iye-yasu[18]. Yosi-hira et Kane-da-Masa-iye[19] les poursuivirent jusqu'au fossé *Ni-dzyau-gan*[20]. Sige-mori franchit le fossé. Masa-iye lui décocha une flèche qui le frappa à l'épaule vers le dos; mais comme la cuirasse était solide, la flèche ne pénétra pas. Une seconde flèche atteignit son cheval qui en s'abattant fit tomber la cuirasse de Sige-mori. Masa-iye s'en em-

13 義平.

14 *Muku-* 加條 ou 椋 *no-ki* 樹, le *Celtis muku*. Les menuisiers se servent des feuilles de cet arbre pour polir leur bois. *Hp.* (Hepburn. *Japanese-english Dictionary.*)

On emploie le bois du *liang* ou *lai-liang* 楝 椋 à faire les moyeux des roues, à cause de la dureté de son bois. Ses feuilles croissent opposées; les graines sont petites, vertes d'abord, puis noires à l'époque de leur maturité. La gomme qu'on extrait du *liang* en le faisant bouillir est de couleur rouge. *Md.* (Medhurst. *Chinese and English Dictionary.*)

15 紫宸殿.

16 Voir f° 114. n. 28. — Lire pp. 6 et 7 Sada-mori au lieu de Sige-mori.

17 景安.

18 家泰.

19 鎌田政家.

20 *Gan* 壕.

para, mais Sige-mori le frappa de son arc, lui prit sa cuirasse et s'en revêtit. Arriva sur ses entrefaites, Kage-yasu qui attaquant Masa-iye, le renversa. Mais à son tour il fut tué par Yosi-hira. Sige-mori fort vexé : « J'aurais voulu, dit-il, le secourir moi-même. » Iye-yasu s'avança, mais dans sa lutte avec Yosi-hira il fut tué par Masa-iye. Sige-mori jugea qu'il était temps de prendre la fuite.

A ce moment les troupes de Yori-mori attaquèrent la porte *Iku-bau-mon* et en vinrent aux mains avec Yosi-tomo; mais ils furent mis en fuite. Parmi les soldats de Yosi-tomo il y avait un nommé Hatsu-tsyau-ni-rau[21] qui était bon coureur. De son bâton ferré, il perça la cuirasse de Yori-mori, mais celui-ci tira son épée et coupa le bâton. Ni-rou tomba, et Yori-mori put se sauver. — Pendant ce temps les soldats des Minamoto quittèrent le palais; Nori-mori y entra avec mille cavaliers et traversa le *Tai-dai*. Puis on ferma les portes du palais et des gardes y furent placées. Mais Yosi-tomo et Yosi-hira qu'on n'avait pu saisir rentrèrent au palais, où ils trouvèrent le drapeau rouge qu'on avait déjà placé partout; ils firent reculer les troupes impériales qui perdirent ainsi les positions qu'ils avaient conquises.

Finalement les insurgés s'avancèrent jusqu'à *Roku-vara* et songèrent à l'attaquer. Kyo-mori monta sur la Tour du Nord[22], et accroupi sur son siége : « Les insurgés, fit-il, en les montrant du doigt, arrivent en foule et notre armée faiblit. Les ennemis profitent de cet avantage et s'avançent. Les voilà qui arrivent jusqu'aux portes. » Alors Kyo-mori rempli de colère monta à cheval et fondit lui-même sur l'armée ennemie en poussant des cris sauvages. Il reforma ses troupes et la mêlée s'engagea. Les insurgés, finalement, furent battus à plate couture et s'enfuirent dans toutes les directions. Kyo-mori entra dans le *Tai-dai* et remit en place les rôles de l'armée. « Hier, dit-il en riant, je donnais et

21 八町二郎. 22 *Hoku-tai* 北臺.

aujourd'hui je prends. Quelle n'est pas ma promptitude! » Et partageant ses troupes, il se mit à la poursuite des rebelles.

Yosi-tomo courut au *Kwan-tou*. Nobu-yori arriva au couvent de *Nin-wa-zi* et implora la miséricorde de *zyau-kwau*. Celui-ci demanda sa grâce à l'Empereur, qui ne voulut pas l'accorder. Sige-mori dit : « Il faut user d'indulgence envers lui. Quel mal peut-il donc faire désormais? » Kyo-mori répondit : « Il est impossible de ne pas mettre à mort le chef des rebelles. Et puis comment l'ordre de l'Empereur pourait-il rester sans exécution? » A Nori-mori fut confié le soin de réduire le couvent de *Nin-wa-zi*. Nobu-yori y fut fait prisonnier avec ses compagnons, Moro-naka[23], Nari-tsika et plus de cinquante hommes. On exécuta Nobu-yori sur le bord escarpé de *Roku-dzyau*[24]. Sige-mori et Nori-mori obtinrent la grâce de Nari-tsika avec lequel ils étaient liés par certaines relations. Kyo-mori fut récompensé pour ses services militaires et obtint des places pour ses fils.

Un homme de l'*Owari* nommé Naga-da-tada[25] vint et tua Yosi-tomo; il offrit sa tête à l'Empereur et l'exposa sur l'échafaud. Yori-mori, Masa-hira[26] et Mune-kyo[27] amenèrent captif le jeune fils de Yosi-tomo, Yori-tomo[28] et voulaient lui couper la tête; mais Mune-mori en eut pitié, et par l'intermédiaire d'Ike-no-ama[29] il demanda sa grâce. Cette femme était la mère de Yori-mori et belle-mère de Kyo-mori. Et comme Kyo-mori refusait, la bonzesse fort en colère lui dit : « Quand il y a un ministre de la justice, comment peux-tu mépriser mes paroles? » Sige-mori et Yori-mori obtinrent que la peine de mort fut commuée pour ce jeune homme en celle de l'exil dans l'Idzu-mo. Yosi-hira pénétra, sous un déguisement, dans la capitale et chercha à frapper Kyo-mori. Celui-ci,

23 師仲. 24 六條. 27 宗清. 28 頼朝.
25 長田忠. 26 將平. 29 池尼 Litt. : La bonzesse de l'étang.

l'ayant apprit, le fit saisir et exécuter. La puissance des Taira faisait trembler l'empire. Un homme du Fi-zen nommé Hiuga-mitsi-yosi[30] ayant excité une sédition, on chargea Iye-sada de la réprimer.

A cette époque, le *zyau-kwau* tenait les rênes du gouvernement. Ce fut Tsune-mune et Kore-kata qui le poussèrent à gouverner par lui-même. Or les deux palais[31] vivaient en mauvaise intelligence. Le *zyau kwau* fit venir Kyo-mori pour l'aider, et la première des années *yei-ri* (1160), il éleva Kyo-mori à la première classe *(syau)* et le nomma *san-gi*. Kyo-mori s'inclina devant la volonté de son prince. L'Empereur avec l'assistance de Tsune-mune et de Kore-kata avait offert à la veuve de Kon-ye-no-în le rang d'impératrice[32]. C'est pourquoi elle fut appelée l'*Impératrice de deux règnes*[33]. Kyo-mori qui désirait faire mourir ces deux personnages leur fit un crime d'avoir laissé ainsi tomber l'Empereur dans le mal. Mais l'ancien *kwan-baku* Tada-mitsi plaida en leur faveur. On leur fit grâce de la vie et ils furent exilés. L'année suivante Kyo-mori montant de grade en grade arriva à la dignité de *tsiu-na-gon*[34], et six ans plus tard, à celle de *dai-na-gon* quand il fut porté à la deuxième classe *(zyu)*. Sige-mori, entré dans la troisième classe *(syau)*, devint *san-gi*.

[30] 且向通良.

[31] C'est-à-dire, le *zyau-kwau* et l'Empereur.

[32] *Tsiu-guu* 中宮, nom que porte la femme de l'Empereur. (*Sgz.* k. 3, 19.) — On voit dans *Npw.* (*Nitpon-wau-dai-itsi-ran*) k. 4, 26, que *Ni-dzyau-no-în* rechercha et épousa cette même année *F. Ta-go* 多子 veuve de Kon-ye-no-în.

[33] 二代后.

[34] Le *na-gon* du milieu ou le second conseiller d'Etat. Voir f° 123, n. 28. — La charge de *tsiu-* 中 *na-gon* correspond en Chine à celle de *na-yen* (na-gon), qu'on appelle aussi *lung* (mou)-*tso* (sa)-*hwang-men* 龍作葉門. (*Sgz.* k. 3, 19.)

Dans l'automne de la première des années *yeï-man* (1165), l'Empereur mourut. Les bonzes de tous les couvents se réunirent pour l'enterrer. Il arriva que les deux monastères *Yen-ryaku-zi*[35] et *On-dzyau-zi*[36] se disputèrent au sujet des rites et qu'ils se disposaient à en venir aux mains. Le *zyau-kwau* Go-sira-kava appela Yori-masa pour le protéger. Aussitôt circula le bruit faux ou exagéré que le *zyau-kwau* complotait contre la famille Taira. Celle-ci en fut très-troublée, et les Taira rassemblèrent des troupes pour se défendre. Sige-mori dit : « Cette nouvelle demande confirmation. Je demande à aller au couvent d'*Hau-dzyu-zi*[37] pour vérifier moi-même le fait. » Or, l'*Hau-dzyu-zi* était le palais du *zyau-kwau*. Comme Sige-mori s'y rendait, il rencontra en chemin Go-sira-kava qui se dirigeait de son côté vers la résidence des Taira.

[35] Dans les années *yen-ryaku*, au septième mois de la quatrième (785), le prêtre bouddhiste *Sai-tou* 最澄 monta sur le *Hi-yei-san* et y éleva quelques constructions. Dans la dixième, on commença le temple 一乘止觀院 qui par ordre de l'empereur Kwan-mu fut appelé 延曆寺. (*Sgz.* k. 2, 18.)

[36] Le couvent *On-zyau-zi* 城園寺 est situé sur le mont *Naga-ra* 長等, dans le cercle *Si-ga* de la province Au-mi. La troisième année du règne de Ten-mu-ten-wau (674) le *wau-si* 皇子 ou prince 大友 éleva ce monastère avec son cinquième fils 與多 qui avait pour aïeul l'empereur Ten-tsi. Le vieux bonze 孝待 y plaça la statue de *Mi-roku-butsu* 彌勒佛 (Maitrêya).

Ce couvent porte communément le nom de *On-i-dera* 御井寺 (le couvent du puits impérial), dont voici l'origine : A l'est de ce couvent se trouvait un certain puits d'où les empereurs Ten-tsi, Ten-mu et l'impératrice Si-tou tiraient de l'eau à leur jour de naissance, et cette eau se mettait à bouillir. Le *dai-si* 大師 ou grand maître 智證 changea ce nom en celui de *Mi-i-dera* 三 | |. (*Sgz.* k. 1, 18; k. 2, 13. - *Std.* k. 71, 12.)

[37] 法住寺.

Le *zyau-kwau* le mit au courant de la situation, et Sige-mori s'en revint avec lui.

Kyo-mori prétexta une maladie pour ne pas se présenter devant le *zyau-kwau*. Sige-mori blâma cette manière d'agir : « Illustre comme vous l'êtes, dit-li, vous vous devez de recevoir le *zyau-kwau* quoique les mérites de notre famille soient nombreux et que les Taira n'aient point de crimes à se reprocher, la fortune promptement peut tourner contre eux. De plus, l'homme supérieur doit veiller à ce que ni ses paroles ni son visage ne trahissent la mauvaise humeur de son esprit. Si vous ne rendez pas visite au *zyau-kwau* on parlera mal de vous ; présentez-vous donc devant lui. Fort de la fidélité et de la droiture de vos sentiments vous n'aurez pas à redouter les paroles des hommes. »

Kyo-mori approuva ce discours, mais finalement n'alla point trouver le *zyau-kwau*. Et celui-ci retourna dans sa demeure. Là s'adressant à son entourage : « Qui a fait répandre, dit-il, ces bruits mensongers? » Moro-mitsu[38] s'avança et dit : « C'est le Ciel qui s'en est chargé. » Personne n'osa le contredire. Moro-mitsu, originaire de l'Ava, était d'abord un rusé serviteur qui sut s'emparer de l'affection de Mitsi-nori; plus tard il entra en religion et prit le nom de *Sai-kwau*[39]. Maintenant, *hoku-men*[40] au *Yin*[41] il était le favori du *zyau-kwau*. Jaloux des Taira, gens orgueilleux et dissolus, il saisissait toutes les occasions pour médire d'eux devant le *zyau-kwau*.

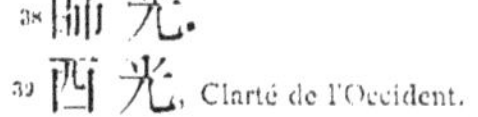

[38] 師光.

[39] 西光, Clarté de l'Occident.

[40] Les *hoku-men* demeurent au *sen-tou* et servent l'empereur qui a abdiqué. Quelques-uns occupent une position plus élevée que leurs collègues. Ces attachés de palais portent le nom de *taki-no-gutsi* 瀧口 chez l'empereur et de *tate-haki* chez le *tou-gun* 東宮 ou prince héréditaire. (*Sgz*. k. 3, *18*.)

[41] Le *yin* 院 ou *sen-tou*. Voir f° 1, n. 34. — Le *sen-tou* est la demeure du *zyau-kwau*. (*Sgz*. k. 2, 22.)

A cette époque le prince héréditaire monta sur le trône, et prit le nom de Roku-dzyau-no-ïn. Pendant la jeunesse de l'Empereur, le *zyau-kwau* reprit la direction du gouvernement. Sige-ko[1], l'épouse préférée du *zyau-kwau*, était sœur cadette de Toki-ko[2], femme de Kyo-mori. Elle eut pour fils Nori-hito[3], dont le *zyau-kwau* désira faire l'héritier présomptif du trône.

La première des années *nin-an* (1166), Kyo-mori fut porté à la deuxième classe *(syau)* et investi de la charge de *na-dai-sin*[4]; la deuxième année (1167), il atteignit le première classe *(syau)* et devint *dai-zyau-dai-zin*[5]. Une suite militaire lui fut accordée et il obtint d'entrer au palais dans un char. Par ordre de l'Empereur, on lui remit les provinces Harima, Hi-zen et Hi-go où il créa des champs de grand rapport. Sige-mori entra dans la deuxième classe et reçut la charge de *dai-na-gon*[6]. On lui permit en outre d'entrer au palais ceint de son épée. Le second fils de Kyo-mori, Mune-mori, parvint à la troisième classe *(zyu)* avec la charge de *san-gi*.

Le deuxième mois de la troisième année, Nori-hito monta sur le trône. Il était âgé de cinq ans; ce fut l'empereur Taka-kura. Le frère aîné de la mère de l'Empereur, le *dai-na-gon* Toki-tada[7] s'adressa à la

[1] 滋子.

[2] 時子.

[3] 憲仁.

[4] Voir f° 2, n. 75. — Le *nui-fu* 內府 des Chinois. (*Sgz.* k. 3, *21*.)

[5] Le *dai-zyau-dai-zin* est au Japon le premier des fonctionnaires ; la charge qu'il occupe, on l'appelle *vacante* (*soku-ketsu* 則闕), parce qu'aucun homme n'est censé réunir en lui les qualités requises pour être le guide de son souverain et la tête de l'empire. En Chine, on l'appellerait *tai-se* 太師 ou *siang-kwe* 相國. (*Sgz.* k. 3, 20 & 21.)

[6] Le premier conseiller d'Etat. — Le *dai-na-gon* 大納言 porte en Chine le nom de *ya-siang-ya-hwai* 亞相亞槐 ou de *hien-na* 獻納. (*Sgz.* k. 3. 21.)

[7] 時忠.

foule en disant : « Maintenant les hommes du Japon qui ne tiennent pas aux Taira de loin ou de près ne comptent plus pour rien dans le pays. » A cette époque plus de soixante dignitaires de la cour appartenaient à la famille Taira, et les villes qui leur furent octroyées étaient répandues dans trente et quelques provinces.

Toutes les affaires du gouvernement se trouvaient entre les mains de Kyo-mori. Celui-ci tomba malade, et, chose extraordinaire, il proclama une amnistie. Pour prolonger ses jours il se fit raser la tête et prit le nom bouddhique de *Zyau-kai*. Puis il éleva un château à *Nisi-hatsu-deu*, où il vint demeurer. A cette époque il choisit trois cents jeunes gens qu'il revêtit de costumes divers et les répandit dans le palais et la capitale. Partout ils recherchaient ceux qui disaient du mal de Kyo-mori, et aussitôt les coupables étaient livrés à la rigueur des lois. On voyait sans cesse les passants jeter des regards de côté, dans la crainte d'être écoutés par ces espions. Le *zyau-kwau*, atteint d'une maladie dont il ne pouvait guérir, se rasa la tête la première des années *ka-o* (1169), et prit le titre de *hau-wau*.

La perversité de la famille Taira était au comble. Le deuxième fils de Sige-mori, Suke-mori[8], dans une partie de chasse, rencontra sur son chemin le *sel-syau*[9] Moto-fusa[10], et non-seulement ne descendit point de cheval, mais passa au travers de l'escorte. Les gardes le saisirent et lui firent mettre pied à terre. Sige-mori blâma Suke-mori de n'avoir pas observé les usages. Quant à Moto-fusa, il envoya à Sige-mori ses gardes enchaînés pour lui faire des excuses. Mais Sige-mori ôta leurs liens et les renvoya comblés de prévenances.

8 資盛.

9 L'impératrice-mère charge le *kwan-baku* de remplir les fonctions de *set-syau* ou régent pendant la minorité du souverain. (*Sgz.* k. 3. 27.)

10 基房.

Cet événement alluma la colère de Kyo-mori. « Qui donc ose aujourd'hui faire affront au petit-fils de Zyau-kai ? Il faut laver cette injure. » Sige-mori chercha à le calmer. Kyo-mori ne voulut rien entendre. Il posta dans un chemin où Moto-fusa devait passer trois cents hommes qui brisèrent le char de ce haut personnage et coupèrent les cheveux aux gens de sa suite. L'Empereur suspendit alors pendant trois jours les affaires du gouvernement. Sige-mori chassa Suke-mori qui passa dans l'I-se.

La première des années *tsyou-an* (1171) Kyo-mori rendit visite à sa fille la *nyou-go*[11] Toku-si, qui plus tard monta sur le trône. En 1174, Sige-mori brigua la charge de *u-kon-ye-dai-syau*[12] devenue vacante. L'année suivante il passa par les grades de *sa-kon-ye-dai-syau*[13] pour arriver à celui de *na-dai-zin*. Kyo-mori vint demeurer au palais de Ko-matsu[14]; son fils cadet Mune-mori fut fait *u-kon-ye-dai-syau*, et promu au premier rang de la deuxième classe *(syau)*. Les dignitaires de la cour continuaient à se montrer fort jaloux de la famille Taira. Nari-tsika fut créé *dai-na-gon* et devint intendant[15] du *hau-rau*. Sige-mori épousa la sœur de Nari-tsika; il eut d'elle Kore-mori; plus tard il demanda en mariage pour son fils la fille de Nari-tsika. Nari-tsune[16], le fils de Nari-tsika, prit pour femme la fille de Nori-mori.

[11] La *nyou-go* est la seconde des femmes de l'Empereur; elle vient, par conséquent, de suite après la *tsin-gun* ou Impératrice. Pendant les derniers règnes, la *nyou-go* fut souvent remplacée par la *nyou-go-dai* 女御代.

[12] Général de gauche, dans les gardes de l'Empereur. Voir fo 123, no 30, et Sgo. k. 3, 57, à *Ken-ye-fu* 府. « Il y a celui de gauche (*sa* 左) et celui de droite (*u* 右). Le *kon-ye-fu* de droite s'appelle en Chine *yü-lin* 羽林 ou encore *tsin-xô* 親衛. »

[13] Général de droite, dans les gardes de l'Empereur. (Voir fo 125, note 12.)

[14] 小松.

[15] *Sitsi-zi* 執事.

[16] 成經.

Or Nari-tsika ambitionnait le poste de général; mais il ne l'obtint pas. Dans son ressentiment il médita, de concert avec Sai-kwau, de détruire la famille Taira. Un jour il invita à dîner le *kurando*[17] Yuki-tsuna[18] et lui fit cette confidence : « Tu as pu voir que les Taira ne s'occupent qu'à mener une vie dissolue. Moi j'ai reçu l'ordre du *Yin* de tenter quelque complot contre eux. Il est vrai que je n'ai pas encore de généraux pour accomplir mes desseins, mais toi, tu es le chef des Minamoto. Pourquoi ne serais-tu pas notre général? Tu pourrais nous rendre ainsi des services méritoires et t'emparer un jour d'un trône illustre. » Ces paroles furent bien accueillies par Yuki-tsuna. Nari-tsika finit par entraîner dans la conspiration le *ken-bi-yi-si* T. Yasu-yori[19], le *dai-bu*[20] de l'instruction publique T. Aki-tsuna[21] et le précédent gouverneur du Au-mi, Nari-tsune; il voulait aussi y faire entrer Sin-kwan[22] administrateur[23] du couvent *Hau-syou-zi*[24].

Dans les fréquents banquets qu'il donnait aux conjurés il les faisaient servir par ses femmes et les encourageaient par ses discours. Une fois il les avait réunis en son manoir de *Sika-ya*[25] pour ourdir avec eux le complot. Le festin s'étant prolongé fort avant dans la nuit, un cheval vint à s'échapper. Les convives se précipitèrent à sa poursuite, et dans le tumulte un vase fut renversé. Nari-tsika s'écria : « L'*hei-zi*[26] est tombé. »

17 藏人. Ceux qui sont auprès de l'Empereur pour le servir. Sorte de pages qui remplissent les mêmes fonctions que les *ko-syau* 兒性 des familles nobles. (*Sgz.* k. 3, *22*.)

18 行綱.

19 康頼.

20 Le *dai-bu* 大輔 occupe la première place, après le président, dans l'un des huit ministères. Voir *Sgz.* 3, 21, et *Annales des Dairi*, p. 427.

21 章綱.

22 俊寛.

23 *Sit-kau* 執行.

24 法勝寺.

25 鹿谷.

26 Voir fo 123, n. 1.

Alors Sai-kwau dit : « Pourquoi n'exposerais-je pas la tète du Hei-zi sur l'échafaud ? » Mais Yasu-yori répliqua : « Exposer des têtes, c'est la fonction du *ken-bi-yi-si ;* » et prenant le vase il le plaça sur un des piliers au milieu des rires de toute l'assistance. Alors Nari-tsika tira son plan et dit : « Le jour de la fête de Gi-on[27], quand le marché de la capitale sera encombré par la foule, nous profiterons de ce moment pour attaquer les Taira et mettre le feu à leur château. Il s'agit d'exécuter notre plan jusqu'au bout. » Il fit présent à Yuki-tsuna de cinquante pièces d'étoffes et assigna à chacun son poste, mais finalement le projet fut ajourné.

Le complot n'avait pas reçu son exécution. Le fils de Sai-kwau Moro-taka[28] étant gouverneur du Kaga, Moro-tsune[29] qui le remplaçait[30] eut des démêlés avec les bonzes du *Haku-zan*[31]. Ceux-ci portèrent leurs plaintes au couvent *Yen-ryaku*. Les bonzes des deux couvents pénétrèrent dans la capitale à la tête de bandes armées et ne craignirent pas d'attaquer l'Empereur dans son palais[32]. Sige-mori, préposé à la

[27] La fête de *Gi-on* commence avec le mois juillet et se prolonge jusqu'à la pleine lune. En outre, le 24 de chaque mois est consacré à ce dieu. Voir Hoffmann, *Buddha-Pantheon*, p. 101.)

[28] 師高.

[29] 師經.

[30] Qui était son *moku-dai* 目代 ou remplaçant.

[31] Le temple du mont *Haku-san* 白山 (*Haku-san-no* ou *Sira-yama-yasiro*) est dédié au Gon-gen *Myau-ri* 妙理 qui d'abord portait le nom de Kwan-on aux onze visages (*Zyu-itsi-men* 十一面). Le *Haku-san*, autrefois situé entièrement dans le cercle *Isi-kava* 石川 du Kaga, forme maintenant la limite entre cette province et le Yetsizen. (*Sgz.* k. 3, *1*.)

[32] *Ketsu* 闕, porte aussi le nom de *hok-ketsu* 北闕 ou de *hou-ketsu* 鳳闕. Voir *Sgz.* k. 1. *9* & 10.

garde des portes, les repoussa avec trois mille cavaliers. Mais ces *san-tou*[33] ne se soumirent point et de nouveau levèrent des troupes. Le *hau-vau* ordonna à T. Toki-tada de se rendre auprès d'eux pour les apaiser.

Le cinquième mois, Moro-taka et Moro-tsune ayant été punis de l'exil, Sai-kwau regarda ceci comme une offense personnelle. Plein de ressentiment, il chargea Myau-un[34], supérieur[35] du *Yei-san*, de se rendre auprès du *hau-vau* pour surveiller sa conduite. Mais surpris dans son rôle d'espion, il fut exilé. Comme Myau-un était en bons termes avec Kyo-mori, celui-ci fit une requête pour obtenir sa grâce, mais la peine fut maintenue.

Il arriva que les *san-tou* délivrèrent Myau-un. Le *hau-vau* furieux ordonna aux généraux de les châtier. Kyo-mori ayant refusé de servir contre eux, on confia le commandement à Nari-tsika, ce qui le combla de joie. Des troupes furent mises sur pied, mais Yuki-tsuna médita de faire échouer l'entreprise. « Il n'y a rien de préférable à son propre salut, » se dit-il. Alors de nuit il courut au *Nisi-hatsu-dzyau* instruire Kyo-mori des événements. Ce dernier se trouvant à *Fuku-vara*[36], il alla l'y chercher et demanda à le voir pour l'informer de ce qui se passait. Kyo-mori vint vers lui et Yuki-tsuna prenant la parole : « Au *Yin*, dit-il, on rassemble des troupes, et vous savez sans doute pourquoi ? » Kyo-mori répondit : « C'est pour attaquer les *san-tou*, je pense. » Alors Yuki-tsuna se penchant vers l'oreille de Kyo-mori, lui dit : « Non ! non ! cette affaire a rapport à votre honorable famille. Ces jours passés le *sin-dai-na-gon*[37] m'a soudain mandé à *Sika-ya* où l'on a comploté çi et çà. J'y ai appris que le *hau-vau* désirait diriger l'affaire en personne. Ce

33 *San-tou* 山徒, nom que portent les bonzes du *Hi-yei-san*.

34 明雲.

35 *Za-su* 坐主.

36 福原.

37 C'est-à-dire, le nouveau *dai-na-gon*.

dont le *hau-in*[38] Sei-ken[39] l'a fortement blâmé. L'affaire est arrivée à ce point que j'ai cru de mon devoir de vous en informer. »

Kyo-mori fut très-alarmé de ces nouvelles, et courut à la capitale où il convoqua tous les membres de sa famille. Il dépêcha au *Yin* le *ken-bi-yi-si* Abe-no-Suke-nari[40] porteur de ces paroles : « Il y a de mauvais bonzes qui complotent de détruire la famille de votre serviteur. Jusqu'à présent j'ai su moi-même mener à bonne fin tout ce que j'ai entrepris; maintenant il s'agit d'une affaire dont l'origine me force à recourir à vous. »

A l'ouïe de cette missive le *hau-wau* perdit contenance et ne sut que répondre. Alors Kyo-mori se fit amener Sai-kwau chargé de chaînes et lui ordonna de se mettre à genoux. Puis, Kyo-mori l'accablant de reproches, lui dit : « Vil esclave, tu as profité de l'amour beaucoup trop grand[41] que l'Empereur te portait, pour comploter contre notre famille et chercher à nous faire tomber en disgrâce malgré notre innocence. » Sai-kwau répondit en riant : « Qu'entendez-vous par *kwa-bun?* Votre père était gouverneur du Tazima et vous êtes son fils aîné. Autrefois, honteux de votre jeunesse, comme le sont en général les pages à la cour, vous portiez toujours de hauts sabots quand vous vous présentiez devant l'Empereur; c'est pourquoi on vous appelait *Kau-hei-ta*[42]. Vous aviez environ dix-huit ou dix-neuf ans. Vous fîtes prisonniers une vingtaine de pirates, et comme on estima que ce chiffre était remarquable, vous

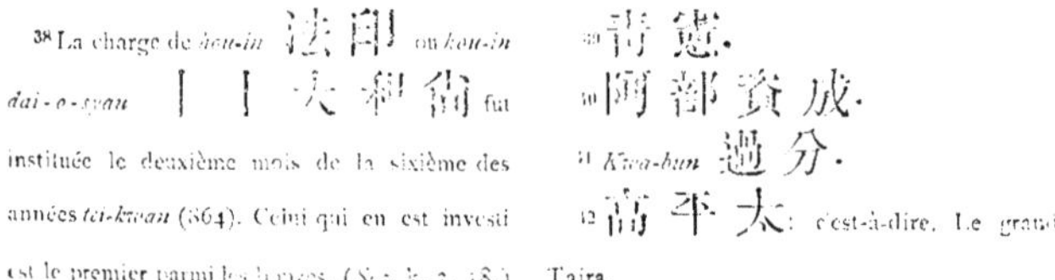

[38] La charge de *hau-in* 法印 ou *hau-in dai-o-syau* ｜｜大和尚 fut instituée le deuxième mois de la sixième des années *tei-kwan* (864). Celui qui en est investi est le premier parmi les bonzes. (Sgs. k. 3. 18.)

[39] 清憲.

[40] 阿部資成.

[41] *Kwa-bun* 過分.

[42] 高平太: c'est-à-dire, Le grand Taira.

fûtes nommé officier dans les gardes[13] et porté à la quatrième classe. Et maintenant vous êtes arrivé au grade de *dai-zyau-dai-zin;* n'est-ce pas là quelque chose d'étonnant ? »

Kyo-mori exaspéré le frappa de son pied au visage, et quand ses meurtrissures furent guéries il lui fit fendre la bouche afin, disait-il, que la vérité pût en sortir, puis il ordonna à ses hommes de lui amener Nari-tsika.

Celui-ci, ignorant le sort qui lui était réservé, dit : « Le seigneur Taira désire sans doute qu'on fasse grâce aux *san-tou* et il ordonne que je me rende vers le *hau-vau* pour la lui demander. » Il partit, et comme il arrivait au *Nisi-hatsu-dzyau*, il vit un grand mouvement de troupes. Lorsqu'il entra l'esprit déjà fort inquiet, Nani-va-Tsune-tovo[14] et Se-o-Kane-yasu[15], soldats des Taira, se saisirent de lui et l'enfermèrent dans un pavillon; la nuit venue il devait être exécuté. On parvint également à s'emparer de Nari-tsune, de Yasu-yori et de leurs officiers.

Sige-mori n'arriva que longtemps après; la foule se porta à sa rencontre et lui dit : « Il s'est passé de grandes choses! Pourquoi venir si tard? » Il répondit : « Il ne faut pas appeler grandes, des affaires privées. » Sige-mori se présenta devant Kyo-mori et lui dit : « J'ai appris que vous désiriez tuer le *sin-dai-na-gon*. Je vous prie de réfléchir à ce que vous allez faire, non à cause des liens de parenté qui nous unissent à lui, mais parce qu'il appartient à une famille illustre et qu'il est aimé de son souverain; on ne peut donc, pour satisfaire une vengeance privée, mettre à mort cet homme. Voyez ce qui advint au *syau-na-gon* Nobu-nisi[16] : il avait ordonné des exécutions et ouvert le tombeau du

13 *Hei-ye-sa* 兵衛佐.

14 難波經遠.

15 妹尾兼康.

16 信西.

mauvais *sa-fu*[1]. Deux ans ne s'étaient pas écoulés qu'on profana sa tombe : et ce fut Nobu-yori qui s'en chargea. Ainsi le bien et le mal portent en eux leur récompense ou leur peine. Prospérité comme malheur fondent sur nous à l'improviste. Pensez-y bien ! » En sortant, il vit Tsune-tovo et Kane-yasu et leur recommanda de ne pas agir sous l'empire de la colère. « On s'en repent toujours, » ajouta-t-il.

Nori-mori[2] demanda grâce pour Nari-tsune et tous les coupables obtinrent qu'on commuât leur peine. Kyo-mori ne put alors contenir sa colère, et aussitôt fit venir Nari-tsika. Ce dernier parut, la tête baissée. Kyo-mori l'interpellant, lui ordonna de tourner vers lui son visage odieux. « Tu devais mourir, dit-il, dans l'année *hei-dzi* (1159). Mais Sige-mori[3] a demandé ta grâce. Tes revenus sont considérables et tes charges nombreuses ; pourquoi donc te ronges-tu l'esprit pour susciter la révolte contre nous ? » Nari-tsika répondit : « Comment votre esclave le saurait-il ? Ces propos sont nécessairement sortis de bouches calomniatrices. Je n'ai aucun sujet de ressentiment contre votre honorable famille, et comment aurais-je pensé à vous faire de l'opposition ? » Kyo-mori jeta un regard sur ceux qui étaient autour de lui à droite et à gauche, et il fit apporter une lettre de Sai-kwau, qu'il lut lui-même deux fois jusqu'au bout. « Dira-t-il encore qu'il ne sait rien ? Oui, sa figure m'est odieuse. » Et prenant cette lettre, il la jeta au visage de Nari-tsika. Puis il ordonna à Tsune-tovo et Kane-yasu de saisir Nari-tsika. Ces deux hommes le firent descendre dans la cour du tribunal, et comme ils craignaient Sige-mori, ils lui dirent à l'oreille : « Quand nous frapperons par terre, vous aurez soin de crier. » Ainsi fut fait. Kyo-mori pensa que le

[1] C'est-à-dire, Yori-naga. Voyez p. 12.

[2] 教盛.

[3] Il y a proprement le *nai-fu* 內府, titulaire d'une charge. C'est Sige-mori qui est ainsi appelé, comme on le voit plus loin, p. 38.

bourreau avait frappé Nari-tsika pour lui délier la langue, et convaincu que la justice suivait son cours il se revêtit de sa cuirasse, prit son grand sabre et sortit.

Kyo-mori fit venir Sada-yosi[4] et lui dit : « Hâte-toi de prévenir les chefs militaires, car tous les officiers de la cour me portent envie et complotent contre moi. On dit que j'ai charges et emplois plus que je ne mérite. Mais si autrefois Ta-mura-maro[5], homme du peuple, devint général pour avoir soumis les barbares de l'Orient et si beaucoup d'autres eurent une fortune aussi rapide, la position que j'occupe n'est-elle pas justifiée également par les nombreux services que j'ai rendus ? Dans les années *hou-gen* (1156-1158), quand Sin-in revendiquait le trône, ma famille l'aida puissamment à soutenir ses prétentions. Le *sin-wau* Sige-hito son fils, c'est mon père qui l'a élevé, et je considère que l'ancien *yin*[6] m'a choisi pour être l'exécuteur de ses volontés. Ne suis-je pas aussi le seul soutien du trône ? Grâce à moi les troubles qui désolaient l'empire ont pris fin. Quant à la révolution de 1159, j'ai regretté, il est vrai, les violences de Nobu-yori et de Yosi-tomo dont je n'ai jamais, du reste, pu connaître l'origine. Ma vie durant, je n'ai pas ménagé ma personne quand il s'agissait d'exécuter les ordres de l'Empereur. En voulant réduire à l'obéissance Tsune-mune et Kore-kata, maintes fois j'ai affronté les plus grands dangers. Tout cela, je l'ai fait pour la maison de l'Empereur. Et j'ajouterai que les bienfaits et la clémence du souverain, quand bien même mes descendants en jouiraient jusqu'à l'extinction de ma race, ne sauraient effacer mes services. Maintenant l'Empereur croit à toutes les calomnies qu'on publie contre moi et semble vraiment désirer la ruine de ma famille. La haine qu'on me porte est telle qu'il ne se trou-

4 貞能.

5 田村丸.

6 Le palais employé ici pour la personne qui l'habite. Voir p. 24.

vera personne pour m'avertir le jour où ma vie sera en danger. Le premier venu tiendra sur mon compte quelque méchant propos, et l'Empereur aussitôt de me regarder comme un scélérat et de me livrer au bourreau. C'est vraiment intolérable. Je demande donc qu'on éloigne l'Empepereur de mes ennemis et qu'on transporte la cour au palais de To-ba-no-in. Cela répond au désir de tous ceux qui ne me veulent pas du mal, et c'est là que moi aussi je voudrais me rendre. Mais les *hoku-men*, ces vils esclaves, vont s'y opposer par tous les moyens! Qu'on avertisse promptement les chefs militaires de se tenir prêts. »

Kazu-ma[7] et Mori-kuni[8] se hâtèrent de prévenir Sige-mori de ce qui se passait. Celui-ci fort troublé de ces nouvelles fit seller à la hâte un cheval et courut vers Kyo-mori. Quand il entra par la porte du château, les gens de la famille étaient tous occupés à revêtir leur armure ou à harnacher leurs chevaux; les bannières étaient rangées chacune à leur place, et toute la troupe allait s'ébranler. Sige-mori entra avec son costume de cour et le *yebosi*[9] sur la tête. Mune-mori le prit par la manche et lui dit : « Pourquoi n'avez-vous pas endossé votre cuirasse? » Sige-mori le regardant de travers répliqua : « Et vous, pourquoi portez-vous votre cuirasse? Où se trouve donc l'ennemi? Moi je suis grand ministre et grand général[10] et je dis que si personne n'attaque le palais de l'Empereur, il est inutile de s'armer. »

Kyo-mori levant les yeux aperçut Sige-mori; il se couvrit aussitôt d'un habit de couleur foncée, mais en se dirigeant vers lui les cordonnets se défirent et laissèrent voir la cuirasse. En s'entretenant avec son fils il lui dit : « J'ai examiné la lettre de Sai-kwau et je m'aperçois qu'il est uni avec les compagnons de Nari-tsika comme la branche l'est aux feuilles. Cha-

7 主馬.

8 盛國.

9 Sorte de bonnet noir porté par les nobles. Voir *Atsume Gusa*. Fasc. Ier, Pl. 3.

10 *Dai-sin-no-tai-syau*. Voir Fe 2, n. 102.

que jour voit grossir leur nombre et ils sont toujours à épier l'occasion d'influer sur la conduite de l'Empereur pour lui faire prendre des décisions précipitées. Et qui nous dit qu'ils n'arriveront pas à leurs fins. Je veux de nouveau prier l'Empereur d'aller s'établir au palais de Toba; si on peut le décider j'espère que tout rentrera dans l'ordre.» Il n'avait pas fini de parler que les yeux de Sige-mori se remplirent de larmes.

Et après un long silence : « Je connais parfaitement, dit Sige-mori, votre situation, et je sais que pour ceux qui appartiennent à votre famille la roue de la destinée a accompli sa révolution et que l'heure de la décadence à sonné. Moi Sige-mori j'ai entendu dire qu'il y a quatre sortes de bienfaits, et les plus grands sont ceux de l'Empereur. En effet, notre famille était descendue si bas, que n'étant plus distinguée du reste de la foule elle aurait fait rougir Kwan-mu et Katsura-bara. Pourtant, le *Taira-no-syau-gun* Sada-mori, à cause de ses services, fut nommé gouverneur de province, puis ministre de la justice. Enfin on lui accorda l'entrée au palais; ce qui surprit beaucoup. Et peu à peu la fortune des Taira grandit jusqu'au jour où parut le grand homme [1] qui monta au grade de *dai-zyau-dai-zin*. J'aurais pu ajouter que mon humble personne a été nommée *dai-sin-no-tai-syau*, que notre famille à la cour a même rang que les princes; qu'elle possède la moitié des champs et vergers du Japon, et compte que l'Empereur épuisera tous ses bienfaits sur elle. Comme la cour nous a voué sa haine, s'il plait à l'Empereur de prendre quelque mesure contre nous, qui le blâmera d'en agir ainsi ? Mais non; notre famille n'est pas arrivée au terme de sa destinée. Les calomniateurs sont entre les mains de la justice qui décidera si nous sommes coupables. Repassez dans votre esprit la suite des événements, examinez les causes qui les ont produits et ne permettez pas que la position éminente de notre famille soit amoindrie ou contestée. J'ai entendu encore ceci : « La chose pu-

[1] C'est-à-dire, Kyo-mori.

« blique doit prendre le pas sur les intérêts privés et il faut savoir lui « tout sacrifier. » En comparant le bien et le mal que nous avons fait on verra de quel côté penche la balance. Sige-mori, après avoir parcouru les six rangs, est arrivé au conseil des *san-kou*[12]; les bienfaits dont il a été l'objet ne peuvent se nombrer. Me tournerai-je contre l'Empereur ou suivrai-je son parti? J'ai à ma disposition plus de deux cents guerriers d'accord avec moi en toutes choses et toujours prêts à sacrifier leur vie. Pendant les troubles des années *hou-gen* (1156-1158) où un Minamoto, gouverneur du Simo-dzuke, sur un ordre de l'Empereur, fit couper la tête à l'*han-kwan*[13] de *Roku-dzyau*[14], j'étais consideré comme le plus grand des rebelles, comme un homme sans principes, comme un être qui n'a pas le droit de vivre. Vous avez dû sans doute en conserver le souvenir, grand homme? Maintenant je suis placé dans une triste alternative. Si je veux servir mon prince, il me faut manquer de piété filiale, forcé que je suis d'être ou sujet infidèle ou mauvais fils. Dans le cours de ma vie, j'ai souvent rencontré l'affliction, et j'en suis venu à trouver que rien n'est préférable à la mort. Si donc vous êtes décidé à mettre à exécution vos projets commencez par immoler votre fils Sige-mori, car je ne saurais vous seconder dans vos desseins. »

Pendant qu'il prononçait ces paroles, entrecoupées de sanglots, tous les assistants étaient fort émus. Kyo-mori dit : « Eh bien! moi *Zyau-kai*, malgré les atteintes de l'âge, je saurai agir. Ce n'est pas pour moi que je complote, mais dans l'intérêt de mes descendants. Crois, si bon te semble, que les torts sont de mon côté. » Puis se levant il rentra chez lui. Sige

[12] Voir f° 2, n. 75.

[13] 判官. Cette charge est celle du *ken-bi-yi-si*. Comme Yosi-tsune 義經, quand il en fut investu, entra dans la cinquième classe (*gyu-syau*), et que les fonctionnaires de cette classe s'appellent *dai-bu* 大夫, on dit *dai-bu-han-gwan*. (Sgz. k. 3, 18.)

[14] 六條.

-mori, parlant à ses frères, leur dit : « Si vous devez soutenir Kyo-mori dans ses entreprises recommandez-lui du moins la modération. » Puis s'adressant aux officiers : « Je dis à ceux qui veulent marcher avec Kyo -mori et faire cause commune avec le *yin* qu'il leur faudra contempler auparavant la tête coupée de Sige-mori. »

Alors Sige-mori se démit de toutes ses fonctions et retourna demeurer au château de Komatsu. Mais là, des pensées tristes vinrent troubler son sommeil. Enfin n'y pouvant plus tenir, il fit appeler les soldats et dans une proclamation leur dit : « De grands événements se préparent. » Aussitôt on se porta en foule vers lui pour s'informer de ce qui se passait, chacun disant à son voisin : « Sige-mori est un homme qui n'a pas l'habitude d'agir à la légère. Il faut donc qu'il ait un motif bien puissant pour parler ainsi. » Ce soir-là, plus de deux mille cavaliers étaient réunis au château de Komatsu, tandis qu'au *Nisi-hatsu-dono* pas un homme ne s'y trouvait encore. Sige-mori ordonna alors à Iye -sada et à Sada-yosi de s'y rendre pour protéger Kyo-mori. Celui-ci leur demanda pour quelle raison on avait convoqué les soldats au château de Komatsu. Ces deux hommes répondirent : « Le *yin* a donné cet ordre au *nai-fu* : « Ton père, dans son désir de troubler le Japon a donc oublié « les bienfaits de l'Empereur ? Je t'ordonne de le punir. » Le *nai-fu* trouve, en effet, que l'Empereur a montré trop de précipitation à votre égard; mais il vous engage à rester tranquille; nous sommes là pour vous protéger. » Kyo-mori fort troublé et rempli de crainte répondit : « Dites au *nai-fu* qu'arrêté dans mes projets je ne me livrerai plus à de nouveaux complots. Sige-mori est le maître de la situation. » Les deux hommes retournèrent porter la réponse. Sige-mori se mit alors à pleurer. « Ah! je suis bien criminel d'avoir fait sortir de la bouche de mon père de telles paroles. »

Puis il se transporta vers les troupes et leur dit : « Sitôt qu'on vous appelle vous venez, et en vérité vous n'avez jamais failli à vos devoirs.

Dès que la nouvelle d'une guerre prochaine est reconnue fausse l'on doit interrompre tout préparatif et reprendre son travail quotidien, prêt à exécuter tout ce que commanderont les circonstances. Eh bien! je vous annonce que la guerre n'aura pas lieu. Vous savez donc ce que vous avez à faire. »

Quand le *hau-vau* eut connaissance de la conduite de Sige-mori, il versa des larmes et dit : « Sige-mori a répondu à l'inimitié par des bienfaits, et il a fait honte à Kyo-mori de ses crimes. Kyo-mori n'a-t-il pas livré à la torture Sai-kwau, exécuté Moro-taka et Moro-tsune, exilé Nari-tsika dans le Bi-zen, où il le fit mourir? Et si Nari-tsune, Yasu-yori et Sin-kwan, bannis également par lui à *Yu-wau-sima*[15], ont survécu, c'est grâce aux secours envoyés par Nori-mori à Nari-tsune qui les partagea avec ses deux compagnons. »

La deuxième des années *dzi-syau* (1178), l'Impératrice devint enceinte. Kyo-mori, désirant la naissance d'un fils, invoqua lui-même le dieu d'*Itsuku-sima*[16]. Nori-mori, par l'intermédiaire de Sige-mori, sollicita la grâce de Nari-tsune et de Yasu-yori; quant à Sin-kwan, il avait fini par mourir dans l'île où il avait été exilé.

Le onzième mois, l'Impératrice, sur le point d'accoucher, ressentait de cruelles douleurs; on prétendit alors que c'était une calamité envoyée par les âmes de Nari-tsika et de Sin-kwan. A cette occasion, on ordonna à tous les bonzes de faire des offrandes à Bouddha, et le *hau-vau* récita des prières; enfin l'Impératrice fut délivrée et mit au monde un fils. Kyo-mori versa des larmes de joie; il offrit aux dieux de l'or et des

15 硫黃島.

16 On écrivait originairement *I-tsu-ku-sima* 伊都岐島. Ces îles dépendent de la province d'Aki et sont situées dans le cercle de *Sa-iki* ou *Sa-heki* 佐伯. D'habitude on leur donne le nom de *Miya-zima* 宮島. (*Sgr.* k. 6, 4.)

damas brochés comme expression de sa gratitude. Le *hau-rau*, au contraire, était fort mécontent et il repoussa les adresses de félicitations; car il pressentait que trois ans plus tard cet enfant recevrait le titre de *kwau-dai-zi*[17], et qu'alors l'orgueil et la puissance de Kyo-mori ne connaîtraient plus de bornes. »

Sige-mori passait ses jours et ses nuits dans la tristesse et les larmes. Ce fut ainsi qu'un soir, rêvant que Kyo-mori était assassiné, il se réveilla en sursaut et pleura. Kore-mori étant venu le trouver, il lui fit servir du vin et apporter un sabre. Kore-mori pensa que c'était le *syau-u*[18], épée de grande valeur que la famille Taira s'est transmise de génération en génération. Il la prit, et l'ayant examinée il remarqua que cette arme n'avait pas d'inscription; c'est que, au temps des funérailles, celui qui la portait à sa ceinture l'avait enduite d'un vernis. Sige-mori lui remit cette épée en disant : « Je l'ai toujours eue à mes côtés et tu apprendras à la connaître. Qu'elle te serve à mener à bien tes entreprises et qu'elle ne soit jamais pour toi un instrument de vengeance. »

Le cinquième mois, Sige-mori se rendit à *Kuma-no*, où il éleva une chapelle et pria les dieux de lui envoyer la mort. A son retour, il lui vint une tumeur derrière l'épaule. A ce moment arrivait de la Chine un illustre médecin. Kyo-mori désira qu'il soignât son fils. Mais Sige-mori refusa, en alléguant que se servir de l'étranger ce serait porter préjudice au pays, et il ajouta : « Cette maladie m'a été envoyée du Ciel, l'on ne pourra me guérir. » Le *hau-rau* vint le voir. Le troisième mois, il mourut, âgé de quarante-deux ans. Le *hau-rau* et le *set-syau* Moto-fusa se consultèrent pour la gestion des propriétés qu'il laissait.

17 皇太子. L'on voit dans le *Han-syu* 漢書 que lorsque Kao-tsu (479 après Jésus-Christ) monta sur le trône, son fils aîné prit le nom de *kwau-dai-zi*. (*Sgz*. k. 3. 22.)

18 小烏. C'est-à-dire, le petit corbeau.

Or la place de *tsiu-na-gon* devint vacante, et c'était au gendre de Kyo-mori, F. Moto-mitsi[1], qu'elle devait revenir, mais ce fut Moro-iye[2], le fils de Moto-fusa, âgé de huit ans, qui l'obtint. A cette époque, Kyo-mori se trouvait à *Fuku-vara*[3].

Le onzième mois de la même année (1179), il y eut un tremblement de terre très-violent, et les gens de la capitale fort effrayés se disaient l'un à l'autre : « C'est le *dai-zyau-niu-dau*[4] qui arrive. » En effet, Kyo-mori ne tarda pas à se montrer, et fit son entrée dans la capitale avec une nombreuse cavalerie. Moto-fusa s'y rendit également pour déposer ses plaintes aux pieds du *hau-vau*, en disant : « J'ai appris que Kyo-mori est venu ici rempli de sentiments de haine à mon égard. Il finira par me faire exiler, et je ne pourrai plus alors servir à vos côtés. » Le *hau-vau* lui dit : « Quoique je ne puisse moi-même vous protéger, j'enverrai demain le *hou-in* Sei-ken auprès de Kyo-mori pour lui parler de cette affaire. » Ce bonze alla sonder les intentions de Kyo-mori. Mais ce jour-là, Kyo-mori ne recevait pas. Le religieux lui fit demander quelles étaient ses intentions à l'égard de Moto-fusa, et attendit jusqu'au soir la réponse qui ne vint pas. Alors Sei-ken l'ayant prié de venir vers lui, Kyo-mori lui envoya son fils Tomo-mori avec le message suivant : « Mon grand âge ne me permet plus de servir mon prince ; c'est tout ce que j'ai à dire. » Sei-ken se retira aussitôt et se mit à proclamer hautement ceci : « Les vertus éclatantes de l'Empereur notre maître couvrent la terre et s'élèvent jusqu'au ciel. » Kyo-mori, informé de ces paroles, le fit appeler et lui dit : « J'ai su que vous aviez détourné l'Empereur d'aller à *Sika-ya*, et je désire avoir avec vous un entretien à ce sujet. Or, en quoi, je vous demande, ma famille a-t-elle manifesté son

1 基通.
2 師家. 3 福原.

4 C'est-à-dire, le *dai-zyau-dai-zin*, qui est entré en religion. Voyez f° 1, n. 7.

mauvais vouloir contre celle de l'Empereur. Mon fils Sige-mori vient de mourir et l'Empereur n'en fait pas moins un voyage d'agrément; n'aura-t-on pas seulement pitié d'un pauvre vieillard comme moi, pour le laisser en repos. Sige-mori, en exécutant les ordres de l'Empereur, a souvent couru des dangers. Comme récompense, le *Kwan-ka*[5] lui accorda la province de Yetsi-zen, en disant : « Tu en transmettras la possession à tes « descendants. » Il est mort et maintenant qu'il est descendu au tombeau l'on doit oublier les fautes qu'il a pu commettre. A trois reprises, j'ai sollicité la charge de *tsiu-na-gon* pour Moto-mitsi, mais on a appelé à ce poste militaire Moro-iye. La cause en est que moi Zyau-kai j'ai des crimes à me reprocher, et que pendant sept générations mes descendants en porteront la peine. Arrivé à la vieillesse, je suis près de terminer une carrière que mes ennemis ont souvent voulu abréger, et la postérité prononcera sur tous les actes de ma vie. » Il s'interrompit pour verser des larmes. Sei-ken lui aussi pleura, et adressant à Kyo-mori des paroles pleines de vérité, il chercha à l'encourager. Celui-ci revint, en effet, à des sentiments plus calmes. Et Sei-ken, après l'avoir salué, se sépara de lui.

Alors sur la requête du *hou-in*, l'Empereur, pour punir Moto-fusa, lui enleva sa charge et la remit à Moto-mitsi. Il destitua encore quarante-trois fonctionnaires d'un grade inférieur à Moro-iye, et exila le précédent *dai-zyau-dai-zin* F. Moro-naga[6]. On ordonna à Mune-mori de se rendre vers le *hau-vau* avec quelques troupes. Celui-ci lui demanda si ce serait dans une région éloignée qu'on enverrait en exil Moro-naga. Mune-mori répondit : « C'est ce que je ne saurais vous dire. » La cour devait se transporter au palais de To-ba; mais on attendit pour le faire

5 官家. Comme on le voit dans le *Li-kwai*, *kwan-ka* désigne l'Empereur et aussi la famille de l'Empereur. (*Sgr. k* 3, 23.)

6 師長.

que la tranquillité fût rétablie. Sei-ken réclama l'honneur d'accompagner l'Empereur. Alors Kyo-mori transmit ce message à l'Empereur : « Vous pouvez compter désormais sur le dévouement de tous les fonctionnaires dans toutes les branches de l'administration. » Ce jour-là, Kyo-mori revint à *Fuku-vara*.

Le deuxième mois de la quatrième année (1180), l'Empereur, à l'instigation de Kyo-mori, céda le trône à son fils aîné. L'épouse de Kyo-mori Toki-ko fut portée à la deuxième classe. Elle se fit raser la tête et prit le nom de bonzesse de deuxième classe. Les deux époux furent considérés comme *san-no-miya*[7]. Au troisième mois, le *hau-vau* alla à *Itsuku-sima*, et il désira connaître les intentions de Kyo-mori. Comme il s'apprêtait à partir, il put voir Kyo-mori et s'entretenir avec lui. Il se rendit de là à la résidence de To-ba. Tout le Japon rendait Mune-mori responsable de la mort de son frère Sige-mori. Mune-mori s'en était souvent plaint à Kyo-mori. On fit revenir le *hau-vau* à *Hat-dzyau-karasu-maro*[8].

Le cinquième mois, le gouverneur[9] de *Kuma-no* fit savoir qu'une révolution venait d'éclater, et que Zin-wau avait fait une proclamation dans laquelle il annonçait que, d'accord avec les Minamoto des provinces orientales, il allait détruire la famille Taira, renverser l'Empereur et monter sur le trône. Il promettait, en cas de réussite, de grandes récompenses à ceux qui l'aideraient. Les bonzes du *Na-tsi-sin-guu*[11]

[7] C'est-à-dire, comme faisant partie de la famille impériale. Proprement, 三宮, désigne la grand-mère, la mère et la femme de l'Empereur. Voir *san-guu-siki* dans *Sgz.* k. 10, 9.

[8] 八條烏丸.

[9] *Bet-tau*. Voyez f° 123, n. 24.

[10] 仁王.

[11] 那智新宮. C'est-à-dire, du temple de *Natsi*, localité du cercle *Mu-ro*, dans la province de Ki-i.

s'étaient déclarés pour lui. Kyo-mori, bouleversé par cette nouvelle, rassembla des troupes et vint à la capitale se consulter avec les *ku-gyau*[12]. Il chargea le *ken-bi-yi-si* Kane-tsuna[13] de mettre le siége devant le palais de *Taka-kura*[14], pour s'emparer de Zin-wau et le transporter dans le To-sa. Or, le père de Kane-tsuna Yori-masa dirigeait le complot organisé par Zin-wau, mais les Taira ne le savaient pas encore. Sur son ordre, Zin-wau courut chercher protection auprès des bonzes du temple de *Gi-on*. Et peu après Yori-masa et ses frères le suivirent. Kyo-mori en apprenant cela entra dans une grande colère et dit : « Jadis n'est-ce pas sur ma demande que Yori-masa a été reçu dans la troisième classe et que de plus il a obtenu l'entrée au palais ? Pourquoi cherche-t-il à me nuire ? » Tada-kyo[15], général de Kyo-mori, lui soumit son plan de campagne et lui parla ainsi : « J'ai appris que les bonzes du *Hi-yei-san* et de *Nan-to*[16] ont pris les armes et embrassé le parti de Zin-wau. Devant et derrière nous les ennemis nous attaquent. Les Minamoto de toutes les provinces arrivent en foule. Comme il est difficile de savoir si nous serons battus ou si nous aurons l'avantage, il faut que l'Empereur ordonne promptement que les bonzes *san-to* viennent à notre secours afin que nous puissions ainsi remporter la victoire. »

Kyo-mori approuva ces paroles, et les *san-to* attaquèrent Zin-wau, qui s'enfuit du côté de *Nan-to*. Kyo-mori envoya à sa poursuite

12 *Ku* 公 désigne le *set-syau*, le *kwan-baku* et les *san-kou*; *gyau* 卿 comprend tous les fonctionnaires de la première (*gyui*), deuxième et troisième classe, y compris le *san-gi*, quoiqu'il appartienne à la quatrième. (*Sg2*. k. 3, 22.)

13 兼綱.

14 *Taka-kura-no-miya* 高倉宮.

15 忠清.

16 南都, appelée *Na-ra-no-miyako*, 奈良都, est située dans le cercle *Sou-no-kami* 添上 de la province de Yamato, et fut autrefois la résidence des empereurs. (*Sg2*. k. 1, 32.)

son fils Sige-hira[17], à la tête de vingt mille cavaliers. Zin-wau fut atteint et battu sur les bords de l'*U-dzi-gava*[18]. Il se réfugia à *Hei-tou-in*[19], et coupa le pont derrière lui. Le général de l'armée impériale T. Mori-kyo[20] demanda que les troupes, divisées en deux corps, entrassent dans la rivière pour arrêter la marche de l'ennemi.

Alors un homme du Simo-dzuke, nommé Asi-kaga-Tada-tsuna[21], se présenta en disant : « Autrefois ma famille et la famille Tsitsi-bu[22] en vinrent aux mains. Les combattants étaient séparés par la rivière *To-ne-gava*[23], et la lutte resta indécise. Mais aujourd'hui on remporterait la victoire si on livrait promptement bataille. Qu'attend-on pour agir ? » Alors il traversa la rivière avec trois cents hommes qu'il avait sous la main. Puis il donna les instructions suivantes pour faire passer le reste de l'armée : « Que laissant de côté les mauvais chevaux, l'on prenne de bonnes montures. Il faut choisir les endroits peu profonds et éviter les gouffres. Que les soldats s'entr'aident et qu'on secoure ceux qui enfoncent en leur tendant un bâton. » Tout ceci fut rigoureusement exécuté, et l'on ne perdit pas un homme.

Tada-tsuna s'écria : « Six générations me séparent de mon aïeul

17 重衡.

18 宇治川. Cette rivière traverse la province de Yamasiro. A sa sortie du lac *Bi-wa* 琵琶, elle rencontre un grand rocher naturel nommé *Sika-tobi* 鹿跳 (le Saut du Cerf), et il se forme là une cascade ou un rapide que les bateaux ne peuvent traverser. (*Std.* k. 72 a. 53.)

19 平等院. 20 盛清.

21 足利忠綱.

22 秩父.

23 利根川 ou suivant l'orthographe (ancienne) du *Myan-yeu-su* 刀禰. Cette rivière traverse le cercle *To-ne*, de la province de Kau-dzuke. Dans la contrée à l'ouest de Yédo on l'appelle ordinairement *Ban-dou-ta-rou* 坂東太郎. (*Sgz.* k. 1. 13.)

Hide-sato, et je suis décidé aujourd'hui à vaincre ou à mourir.» Kane tsuna se mit à rire et lui dit : « Toi, qui te vantes d'être d'une race illustre, n'es-tu pas le serviteur des Taira? » Il répondit : « Les Taira m'ont donné l'ordre de châtier les insurgés. Pouvais-je ne pas obéir ? » Alors ils se jetèrent l'un sur l'autre, et Kane-tsuna fut tué.

Toute l'armée impériale ayant traversé le fleuve fit essuyer une grande défaite aux Minamoto. Yori-masa, son fils Naka-tsuna et leurs partisans furent tous tués. Zin-wau s'enfuit vers le Sud, et atteint par une flèche il mourut. Les bonzes en arrivant près du *Ki-dzi-gava*[24] apprirent cette nouvelle, et s'en revinrent chez eux. Sige-hira, de retour de son expédition, offrit les têtes des ennemis à l'Empereur. Tada-tsuna fut récompensé par Kyo-mori.

Celui-ci aimait toujours *Fuku-vara*. Il y construisit du côté du Midi une île, et, le site lui plaisant, il y fixa sa résidence. Il finit par concevoir le désir de transporter auprès de lui le siége du gouvernement. Le sixième mois, il mit ce projet à exécution et y amena l'Impératrice et les *hyaku-kwan*[25]; il offrit d'abord à l'Empereur le château de Yori-mori, et ensuite il l'établit dans son propre château. Il fit garder également le *hau-vau* par ses soldats. Il médita de bâtir dans la localité un château pour l'Empereur; le terrain trop resserré ne s'y prêtait guère, néanmoins l'édifice fut élevé. Mais tout cela fit murmurer.

Au huitième mois, M. Yori-tomo, sur un ordre de Zin-wau, leva des troupes dans l'Idzu. Ovo-ba-Kage-tsika[26], originaire de Saga-mi, le battit et le mit en fuite. Hatake-yama-Sige-tada[27] défit Mi-ura[28], partisan de Yori-tomo. Kage-tsika, montant à cheval, courut

24 木津川.

25 Voir f° 114, n. 18.

26 大庭景親.

27 畠山重忠.

28 三浦.

annoncer la victoire en disant : « Yori-tomo est en fuite. Yori-tomo a péri. » Déjà l'Orient à l'ouïe de cette nouvelle était fort ému, mais quand on apprit que Yori-tomo n'avait point trouvé la mort, les troupes reprirent bientôt courage. Kyo-mori, plein de colère, s'écria : « Ces esclaves d'Orient étaient tous les serviteurs de mes pères, et c'est moi qui les ai exilés dans les provinces de l'Orient. Et ils veulent détruire ma famille ! En quoi leur conduite diffère-t-elle de ceux qui empruntent aux voleurs leurs fausses clefs ? » Et il grinçait des dents de rage ; puis il reprit : « Si par hasard j'avais repoussé la demande de la bonzesse Ike ces hommes auraient-ils conservé leurs têtes ? Ils ne songent qu'à tirer parti de mes bienfaits et poussent l'audace jusqu'à se déclarer les ennemis de mes fils et petit-fils. Comment pourraient-ils éviter le châtiment des dieux ? »

Sige-yosi[29], père de Sige-tada[30], et son frère Ari-sige[31] se trouvaient à *Fuku-vara*. Ils se présentèrent devant Kyo-mori en disant : « Seul des hommes de l'Orient, Hoku-dzyau-Toki-masa[32], a des liens de parenté avec Yori-tomo, et il n'est pas même certain qu'il soit attaché à sa fortune. Quelqu'un oserait-il se déclarer partisan du banni ? Ne le pensez pas. » Tous les Taira brûlaient du désir de combattre en Orient.

Kyo-mori, monté sur un char, se rendit chez l'Empereur. Il vit là le *zyau-kwau* et lui dit : « L'Empereur est extrêmement jeune. On ne peut prévoir les événements. Vous savez qu'autrefois Tame-yosi et Yosi-tomo, animés contre le *hau-vau*, excitèrent une sédition que par une manœuvre habile je parvins à apaiser. Le fils de Yosi-tomo, qui

(29) 重能.
(30) 重忠.
(31) 有重.
(32) 北條時政.

sortait à peine de l'enfance, fut trouvé près de l'*I-buki-gaku*[33] et fait prisonnier. Il devait périr, mais ma belle-mère fit en sa faveur une requête qui fut écoutée; alors je l'appelai auprès de moi et lui dis : « Tu as « treize ans. Ta taille est peu élevée et tes dents sont peintes. » Je lui fis quelques questions auxquelles il ne sut pas répondre, et j'eus pitié de lui. « Si j'ai songé un instant à user de rigueur envers toi, ai-je « ajouté, ce n'est pas que j'eusse à exercer quelque vengeance sur les Mi- « namoto, mais j'agissais en vertu des ordres de l'Empereur. » Et finalement on le gracia. Or, j'apprends qu'il se trouve maintenant sur le territoire de l'Empereur, et forme quelque projet de rébellion. Moi, je ne saurais supporter l'idée d'avoir à regretter ma clémence et je désire recevoir un ordre de l'Empereur pour le châtier. » Le *zyau-kwau* lui dit : « C'est au *hau-vau* qu'il faut s'adresser. » Mais Kyo-mori répliqua : « L'Empereur est jeune, et c'est vous, son père, qui décidez les affaires. Qu'est-il besoin de recevoir directement l'ordre du *hau-vau?* Est-ce que l'Empereur ne veut pas, comme nous, détruire les Minamoto? « A cela le *zyau-kwau* répondit en riant : « A quoi bon parler ainsi? » Et il accorda l'ordre. Comme il demandait si on avait trouvé un général, Kyo -mori dit : « Kore-mori, fils de Sige-mori, mon petit-fils et mon héritier, en a toutes les capacités.

Alors Kore-mori fut créé *sui-tau-si* avec le grade de *u-kon-ye-tsiu -syau*[34], et Tada-nori fut son lieutenant. On lui remit un bâton de com-

33 *I-buki* 伊吹 ou 膽吹 *-gaku* ou *yama*. Dans l'*Histoire de l'empereur Bun-toku* on le trouve écrit 伊富岐. Cette montagne forme la limite entre les provinces de Au-mi et de Mi-no. Cependant, située dans le cercle *Saka-ta*, elle appartient à la province de Au-mi. (*Sgz.* k. 1, 3.)

34 Général du centre [*tsiu* 中] dans les gardes de l'Empereur

mandement, comme autrefois à Masa-mori lorsqu'il fut chargé de combattre M. Yosi-tsika. Bientôt il quitta *Fuku-vara* à la tête de cinq mille cavaliers; pour se guider à travers le pays l'on prit Sai-tou-Sane-mori [1], parce qu'il connaissait parfaitement les régions situées à l'Orient. L'armée s'augmenta de toutes les troupes qu'on recrutait en route. Quand ont fut arrivé dans le Suruga, Sane-mori déclara qu'il fallait se hâter de franchir le mont *Asi-gara* [2]. On leva encore des soldats dans le Musa-si et le Sagami, et F. Tada-kyo dit : « Même avec toutes les troupes que nous avons recrutées au Goki-nai, si nous pénétrons dans l'intérieur du pays, il est douteux que nous remportions l'avantage. » Kore-mori adopta cet avis, et Sane-mori se retira en Occident. Kore-mori dit : « Ne pourrons-nous pas combattre sans Sane-mori ? » Et Tadà-kyo fut placé à l'avant-garde. L'armée s'avança jusqu'à la rivière *Fu-zi-kava* [3].

A ce moment, Hatake-yama-Sige-tada, qui ainsi que ses partisans avaient embrassé la cause de Yori-tomo, arriva à *Ka-tou* [4] à la tête de deux cents mille cavaliers. Il envoya au camp impérial un messager qui présenta une lettre. Et comme celui-ci se répandait en paroles injurieuses, Tada-kyo engagea Kore-mori à le tuer. Les deux armées étaient en présence, sans avoir encore engagé la lutte. Or une nuit, l'armée impériale, ayant entendu des oiseaux aquatiques qui prenaient leur vol, crut que les ennemis se disposaient à fondre sur elle, et dans leur épouvante hommes et chevaux prirent la fuite dans le plus grand désordre. Kore-mori, fort irrité, voulut arrêter ce mouvement de retraite; Tada

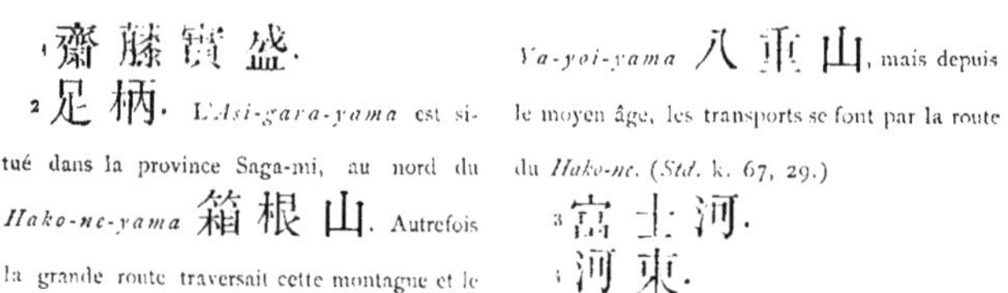

1 齋藤實盛.

2 足柄. L'*Asi-gara-yama* est situé dans la province Saga-mi, au nord du *Hako-ne-yama* 箱根山. Autrefois la grande route traversait cette montagne et le *Ya-yoi-yama* 八重山, mais depuis le moyen âge, les transports se font par la route du *Hako-ne*. (*Std.* k. 67, 29.)

3 富士河.

4 河東.

-kyo l'en détourna, et l'on retourna en Occident. Hira-aki[5], de l'armée des Minamoto, ayant appris cette nouvelle la communiqua à ses compagnons, et l'un des généraux fut envoyé à la poursuite des Taira. Un guerrier Taira, dont on n'a pas conservé le nom, périt en combattant à l'arrière-garde.

Kore-mori étant de retour dans le Au-mi, Kyo-mori ne lui permit pas de faire son entrée dans la capitale et lui dit : « Tu avais reçu l'ordre de l'Empereur de punir les révoltés et tu reviens sans leur avoir même livré bataille. Comment oses-tu paraître en ma présence? En voyant échouer l'expédition, tu devais au moins laisser là-bas ton corps. » Il se disposait à exiler Kore-mori et à mettre à mort Tada-kyo; mais, devant l'intercession générale, Kyo-mori arrêta l'exécution de la sentence.

Bientôt après M. Yosi-naka levait des troupes dans le Sina-no. Orphelin dès sa jeunesse, il avait été élevé par Sai-tou-Sane-mori. Plus tard, son éducation fut confiée à Naka-bara-Kane-tovo[6], originaire du Ki-sou. Mune-mori l'ayant appris fit venir Kane-tovo et lui ordonna d'amener aussitôt Yosi-naka chargé de chaînes. Kane-tovo, après s'être engagé par écrit à le faire, se hâta d'assurer la fuite de Yosi-naka.

Le même mois, le *zyau-kwau* se rendit de nouveau aux îles *Itsuku-sima*. Kyo-mori l'accompagna, et il ne revint qu'après avoir forcé le *zyau-kwau* à prendre par écrit l'engagement qu'il ne favoriserait pas le parti des Minamoto. Il bâtit un palais à *Yume-no*[7], et l'offrit au *zyau-kwau*. Depuis que Kyo-mori avait changé le siége du gouvernement, tout le monde en souffrait. Les bonzes aussi demandaient souvent qu'on retourna à l'ancienne capitale. Kyo-mori rassembla tous les *ku-gyau*, et leur demanda laquelle des deux capitales leur paraissait la plus appro-

5. 平明.
6. 中原兼遠.
7. 夢野.

priée aux circonstances. Après avoir pris connaissance de ses idées sur cette question ils répondirent en chœur : « C'est *Fuku-vara*. » Seul, le *sa-dai-ben*[8] F. Naga-kata[9] osa dire : « C'est *Hei-an*[10]. » Kyo-mori entra dans une grande colère, et tous crurent que la vie de Naga-kata était en danger. Mais Kyo-mori fit retourner l'Impératrice et sa maison à *Hei-an*. Et la joie se peignit sur tous les visages.

Au onzième mois, Kyo-mori interrogea Naga-kata et lui dit : « Comment peux-tu faire de l'opposition au *Syau-koku?*[11] » Et l'autre répondit : « Je n'ai rien à me reprocher ; j'exprime franchement mon avis, sans m'inspirer de celui des autres. » Kyo-mori avait auparavant de l'estime pour Naga-kata. Plus tard Naga-kata tint conseil dans la capitale et dit : « Le succès favorise les rebelles, ce que les hommes font c'est la volonté du Ciel. Il faut que le *hau-vau* reprenne la direction du gouvernement, et qu'on fasse revenir Moto-fusa et Moro-naga. En réparant le mal, la prospérité reviendra, et on évitera peut-être ainsi des catastrophes. » Kyo-mori finit par se ranger à ces paroles.

Beaucoup de choses étonnantes arrivèrent à la famille Taira. Un jour que Kyo-mori se trouvait seul, il crut voir devant lui, amoncelées au bas d'un escalier, plusieurs centaines de têtes d'hommes ; elles semblaient ne former qu'une seule grande tête qui fixait sur lui ses yeux irrités. Kyo-mori à son tour lui lança des regards pleins de colère. Peu à peu la tête diminua et finit par disparaître. On consulta un devin qui dit :

[8] Le *sa-dai-ben* 左大辨 et l'*u-dai-ben* remplacent le *san-gi* en son absence. Voir les *Annales des Dairi*, page 426. -- Il y a le premier *(dai)*, le second et le troisième *ben*, de droite comme de gauche, et en outre un vice-*ben*. C'est pourquoi l'on dit les sept *ben*. En Chine, cette charge est celle des *xang-xu* 尙書 (*Sgz.* 3. *18.*)

[9] 長方.

[10] Voir f° 124, n. 12.

[11] 相國 *(siang-kwe)*, C'est-à-dire, Kyo-mori. Voir f° 125, n. 5.

« Ce sont les ombres de Tame-yosi et de Yosi-tomo. » Une autre fois ce fut une souris qui, dans une écurie, avait choisi pour faire son nid les crins de la queue d'un cheval. Et le devin appelé de nouveau dit : « Le *ne* (souris) attaque le *uma* (cheval)[12], le petit attaque le grand. C'est un signe que les Minamoto vont attaquer les Taira. »

On se trouvait à l'époque où l'Empereur retourne à la capitale; les Minamoto levaient des troupes dans le Au-mi. Un mois après, Tomo-mori et Suke-mori furent chargés de les réduire à l'obéissance. Les bonzes du *On-zyau-zi* étaient favorables au parti de Yori-masa. Et comme pour cette raison l'on parlait avec malveillance de ce couvent dans le camp impérial, leurs mauvaises dispositions contre les Taira s'affermirent encore davantage; si bien que tous les bonzes de ce couvent se rangèrent du côté des Minamoto du Au-mi.

Alors Kyo-fusa[13] reçut l'ordre d'attaquer le *On-zyau-zi*. Il soumit les bonzes après leur avoir tué huit cents hommes et brûlé leur couvent. Ayant appris que la ville de *Nan-to* se révoltait, Se-no-o-Kane-yasu, envoyé contre elle, fut battu par les bonzes révoltés. Ceux-ci firent une boule de bois qu'ils appelèrent la tête de Zyau-kai et qu'ils frappèrent du pied. La colère de Kyo-mori fut au comble. Le même mois, il donna ordre à Sige-hira de les punir. Celui-ci, à la tête de mille cavaliers, brûla les deux couvents *Tou-dai*[14] et *Kou-fuku*[15] et tua une centaine de bonzes. Dans toutes les régions de l'empire, les Minamoto se préparaient à la lutte.

12 Proprement, cela signifie que la première veille du matin *ne* 子 (de onze heures du soir à une heure après minuit) attaque la première veille du soir *uma* 午 (de onze heures du matin à une heure après-midi).

13 清房.

14 東大寺. Ce couvent est situé dans le cercle *So-ye*, de la province Yamato. Pour les origines de ce couvent, consulter les livres bouddhiques (*Sgz.* k. 1, 13.)

15 興福寺. Fudzi-no-Kama-asi 藤鎌足 établit d'abord ce *ka-ran*

Au premier mois de l'année *yau-wa* (1181), le *zyau-kwau*[16] tomba malade et mourut. Kyo-mori le regretta. Il rendit alors la direction du gouvernement au *hau-vau*, qui ne voulut point d'abord l'accepter, mais qui finit pourtant par se rendre à ses instances. Kyo-mori lui offrit le Mi-no et le Sanu-ki, pour que ces deux provinces fissent partie du domaine impérial. L'Empereur nomma Mune-mori gouverneur[17] de la contrée qui avoisine le Go-ki-nai.

Au deuxième mois, M. Yosi-moto[18], originaire du Kava-tsi, fut mis à mort. On apprit que les rebelles, conduits par M. Iki-iye[19], étaient entrés dans le Ki-no, et on envoya contre eux Tomo-mori, Mitsi-mori[20], Kyo-tsune[21] et Tada-nori. Les impériaux assiégèrent *Ita-kura*[22], où les ennemis s'étaient retranchés, et l'attaquant par derrière ils y jetèrent l'incendie; bientôt ils purent donner l'assaut et arracher la place des mains des insurgés. Kyo-mori ordonna aux troupes du Nan-kai de se porter contre les factieux de l'Orient, et il fournit des vivres aux armées du Hoku-roku et du Sei-kai. Les Kiku-tsi[23], du Sei-kai, et les O-gata[24] avaient épousé la cause des Minamoto. T. Sada-yosi, gouverneur du Bigo, sur sa demande, fut chargé de faire rentrer ces

伽藍 (samgharama) ou monastère à *Yama-sina* 山科 dans la province de Yamasiro. Plus tard, Tan-kai-kou 淡海公 le transporta à *Nan-to*, et l'appela *Yama-sina-dera* 山階寺; on l'appelle aussi *Maya-zaka-dera* 廐坂寺. (*Sgz.* 1, 46.)

16 Taka-kura.

17 *Sou-kwan* 總管.

18 義基.

19 行家.

20 通盛.

21 清經.

22 *Ita-kura* 板倉 est situé dans le cercle *Ka-ya* 賀陽, de la province de Bit-tsiu.

23 菊池.

24 緒方.

deux familles dans le devoir, et le *hau-vau* mit les serviteurs[25] du *yin* à sa disposition. Tomo-mori, se trouvant à *Siu-ko*[26], tomba malade. Il quitta cette ville après y avoir placé une garnison. Les Minamoto cherchaient de plus en plus à répandre le trouble dans les provinces.

Or Mume-mori avait un grand désir d'être placé à la tête d'une nombreuse armée pour combattre l'insurrection en Orient; c'est pourquoi le *hau-vau*, ayant convoqué les officiers, leur donna l'ordre de prendre les rôles de l'armée pour faire la levée des troupes. Le jour de l'entrée en campagne fut fixé. Cette expédition était naturellement dirigée contre les Minamoto, qu'il s'agissait de réduire à l'obéissance. Au bout de vingt-sept jours, Mune-mori fit suspendre les préparatifs de départ. C'est que la veille Kyo-mori était tombé malade. Pendant que chariots et chevaux étaient rassemblés à *Roku-vara*, Kyo-mori souffrait de la fièvre. S'étant plongé dans un bain d'eau tiède, l'eau se mit à bouillir. Et les cris qu'il poussa furent entendus du dehors.

Au deuxième mois intercalaire, la maladie fit de rapides progrès. Toute la famille le veillait. Et on lui demanda s'il désirait dire quelque chose. Alors Kyo-mori poussa un grand soupir et s'exprima ainsi : « Tous les vivants doivent nécessairement mourir une fois; pourquoi serais-je seul à faire exception ? Depuis l'année *hei-dzi* (1159), j'ai rendu des services méritoires à la famille impériale; moi seul au Japon ai atteint le rang le plus élevé auquel un sujet puisse prétendre. Ma famille était comme une seconde famille impériale. Si je laisse après moi quelque chose que je puisse regretter, c'est de n'avoir pas vu la tête coupée de Yori-tomo avant de mourir. Qu'après ma mort, l'on ne s'occupe point de faire des offrandes à Bouddha ou de réciter des prières; mais qu'on apporte la tête de Yori-tomo et qu'on la suspende devant ma tombe.

25 *Tsyau-kwan* 廳官.

26 洲股.

Que tous mes descendants respectent mes paroles et se gardent bien de les oublier. » Après sept jours de maladie, il mourut, âgé de soixante-quatre ans. Il laissait au *hau-vau* des instructions qui devaient guider Mune-mori dans la direction des affaires.

Après la mort de Kyo-mori, Mune-mori fit retourner le *hau-vau* au château de *Hau-dzyau-zi-den*[27], et lui adressa ces paroles : « Manquant des capacités nécessaires, je n'ai pas réussi à réparer les fautes de mon père; aussi suis-je prêt maintenant à m'incliner devant vos volontés. » Le *hau-vau* rassembla les *ku-ge*, et délibéra sur la question des vivres à fournir aux troupes. Par ses ordres, Sige-hira, Kore-mori, Mitsi-mori et Tada-nori se rendirent dans le Mi-no pour organiser la défense dans cette province. Ils engagèrent la bataille avec M. Iki-iye et Yosi-maru[28], dont ils étaient séparés par un cours d'eau. Yosi-maru fut tué et Iki-iye vit ses troupes dispersées; Iki-yori[29], son son fils, fut fait prisonnier. On poursuivit Iki-iye jusqu'au Mi-kava, puis l'on s'en retourna.

Quelque temps après, Yori-tomo, qui envoyait souvent à Yori-mori des messages pour le remercier des bienfaits qu'il lui avait rendus autrefois, présenta à l'Empereur l'adresse suivante : « Certes, mon audace n'ira point jusqu'à mettre à exécution les complots que j'ai formés dans mon esprit. Puisque l'Empereur veut soutenir les Taira, je demande qu'en vue du rétablissement de la paix l'Empereur accepte comme autrefois les services de l'une et l'autre famille. Votre Majesté pourra juger laquelle des deux lui est véritablement fidèle. » Le *hau-vau* transmit cette lettre à Mune-mori, qui donna la réponse suivante : « Notre père, près de mourir, nous a dit : « Il faut engager avec « Yori-tomo une lutte à mort. » Je crois entendre encore ces paroles; c'est

27 法住寺殿. 28 義圓. 29 行賴.

pourquoi je ne puis faire la paix avec cet homme, et je demande que F. Hide-hira[30], du Mutsu, soit envoyé contre Yori-tomo, et Suke-naga[31], gouverneur du château du Yetsi-go, contre Yosi-naka. » Suke-naga était un descendant de Kore-motsu, de la septième génération.

Au sixième mois, Suke-naga et son frère cadet Naga-motsu[32], ayant rassemblé des troupes, attaquèrent Yosi-naka, mais leur expédition n'eut pas de succès, et ils battirent en retraite. Au huitième mois, on releva de leurs fonctions Suke-naga, gouverneur du Yetsi-go, et Hide-hira, gouverneur du Mu-tsu. On ne tarda point à renouveler l'attaque contre les Minamoto, et Suke-naga entra en campagne. Mais il tomba malade et mourut. Au neuvième mois, Mune-mori chargea Tsune-masa[33] d'aller avec son frère cadet Mitsi-mori en Orient et de s'opposer aux Minamoto dans le Yetsi-zen. Mais Tsune-masa fut battu, et se réfugia dans le Waka-sa. Quant à Mitsi-mori, il recula pour protéger le château d'*Atsu-ka*[34], et appela Tsune-masa à son secours. Mais celui-ci n'était pas encore arrivé que les troupes de Yosi-naka vinrent et l'attaquèrent. Alors il licencia ses troupes et s'en retourna en Occident.

La première des années *dzi-yei* (1182), Siro[35]-Naga-motsu se rendit de nouveau dans le Midi pour attaquer Yosi-naka; mais encore une fois il n'eut pas l'avantage et il se retira. Le même mois, Mune-mori reçut le grade de *na-dai-zin*, une suite militaire et des serviteurs à cheval; il se montra très-sensible à ces honneurs. Le deuxième mois de la deuxième année, il fut élevé au deuxième rang de la première classe.

30 秀衡.

31 資長.

32 長茂.

33 經正.

34 *Atsu-ka* 敦賀, cercle de la province de Yetsi-zen.

35 城.

Kore-mori, Mitsi-mori et Tada-nori furent créés *sui-tau-si* et mis à la tête des troupes du San-yau, du San-yin et du Si-kai. Alors, à l'orient du Mi-kava et au sud du Waka-sa, ils levèrent plus de cent mille hommes, et entrèrent dans le Hoku-roku pour soumettre d'abord Yosi-naka et ensuite Yori-tomo.

Sai-tou-Sane-mori[1], monté sur son char, s'adressa à Ovo-ba-kage-nao[2] en ces termes : « Décidément les Minamoto prennent la place des Taira ? Pourquoi ne descendrions-nous pas à *Ki-sou*[3]? » Kage-nao dit : « Il n'y a pas un homme de l'Orient qui ne me connaisse. Que dirait-on si mes sentiments changeaient suivant qu'il y a prospérité chez l'un ou infortune chez l'autre ? » Sane-mori répondit : « Je parlais ainsi uniquement pour vous éprouver. » Puis il entra chez Mune-mori et lui dit : « Les anciens formaient ce vœu : Que nous puissions revenir dans notre pays vêtus d'habits de soie brochés. Or, moi, natif du Yetsi-zen, quoique parvenu à un âge avancé, je n'ai jamais cessé de recevoir de mon souverain bienfaits sur bienfaits et jusqu'à mon dernier souffle je lui en témoignerai ma reconnaissance. Mais pourquoi l'Empereur ne m'a-t-il pas accordé un *kitatare* de soie. Je serais alors retourné dans mon pays vêtu de cette robe et j'aurais pu terminer mes jours dans la prospérité. » Mune-mori eut pitié de lui et lui accorda ce qu'il désirait.

Yosi-naka apprit que l'armée impériale se dirigeait vers le Yetsi-zen, et il envoya un officier supérieur pour protéger le château *Tsui*

1 齋藤實盛.

2 景尙.

3 *Ki-sou-dzi* 木曾路 (le chemin de Ki-sou) dans le cercle *Atsu-mi* 安曇, de la province de Sina-no. Originairement on l'écrivait 岐岨 et dans le 續日本紀 on le trouve avec les caractères 吉蘇. (*Sgs.* k. 2, 9.)

-*dzyau*[4]. Cette forteresse s'appuyait sur un massif de montagnes sillonnées de vallées. C'était une position stratégique fort importante, et les vallées, remplies d'eau, empêchaient l'armée impériale d'approcher. Mais Sai-myau[5], le commandant du château, fit connaître aux impériaux, dans une lettre qu'il leur lança au moyen d'une flèche, que les Minamoto avaient construit une digue et formé un étang qu'on pourrait dessécher en coupant le pied de la montagne. Il promettait de favoriser l'entreprise, de l'intérieur. L'armée impériale suivit ce conseil et s'empara promptement de la place.

Il s'en suivit une série de combats où les Taira eurent constamment l'avantage. Les rebelles furent poursuivis jusqu'à *San-dzyau-no*[6]. Sai-tou-Mitsi-hira[7] sortit des rangs pour combattre. Sane-mori se dit : « Comme il est de même famille que moi, il vaut mieux pour lui périr sous mes coups que de recevoir la mort de la main d'un étranger. Et se portant à sa rencontre il le tua. » L'armée impériale continua de poursuivre les Minamoto avec une grande vigueur et ne s'arrêta qu'au Yetsi-zen : puis s'avançant toujours, elle entra dans le Ka-ga.

Les troupes des Minamoto, qui perdaient du terrain, fortifièrent le gué de l'*An-taku*[8]. T. Mori-tosi[9] donna l'ordre à son fils Mori-tsuna[10] d'aller examiner la rivière. Celui-ci revint en disant que les ennemis ne se disposaient point à la résistance. Mori-tosi, avec cinq mille cavaliers, traversa d'abord la rivière. Puis le gros de l'armée le suivit. On s'empara des deux château *Fu*[11] et *Ken*[12], et on les fortifia. Le général Sai-myau capitula, et donna aux impériaux le conseil suivant : « Yosi

4 燧.

5 齋明.

6 三條野.

7 平光.

8 L'*An-taku* 安 安 coule dans la province de Ka-ga.

9 盛俊.

10 盛綱.

11 富.

12 堅.

-naka est dans le Yetsi-go; il faut que promptement l'on occupe la chaine de montage *Kan-bara*[13], qui forme la frontière entre le Yetsi-go et le Yetsi-tsiu, si l'on ne veut pas que l'ennemi la franchisse.» Alors on chargea Mori-tosi de prendre les mesures nécessaires. Mais quand celui-ci arriva à *Han-nya-no*[14] les insurgés avaient déjà passé le *Kan-bara*. Mori-tosi leur livra néanmoins bataille; il n'eut pas l'avantage et battit en retraite. Alors Kore-mori, avec soixante-dix mille hommes, s'établit sur le *Tei-hei-san*[15], et Tada-nori avec trente mille cavaliers sur le *Si-o-san*[16].

Sur ces entrefaites arriva Yosi-naka à la tête de cinquante mille cavaliers. Il ordonna à Iki-iye d'attaquer Tada-nori, et lui-même se porta contre Kore-mori, qui, établi dans la montagne, se croyait en sûreté, et ne s'était pas préparé à recevoir le choc de l'ennemi. Yosi-naka profita de la nuit pour attaquer Kore-mori, qui fut battu et mis en fuite. Yosi-naka, enhardi par ce succès, se mit à la poursuite des Taira. Parmi eux se trouvait le gouverneur du Mi-kava, Tomo-nori[17], septième fils de Kyo-mori, qui, suivi de cinquante cavaliers, fondit sur l'armée ennemie, en poussant des cris sauvages. Étant tombé de cheval, il combattait à pied lorsqu'il fut attaqué par Oka-da-Tsika-yosi[18]. Tomo-nori lui trancha la tête après l'avoir, d'un coup d'épée, dépouillé de son casque. Sige-yosi[19] prit la place de son père. Mais les cavaliers impériaux arrêtèrent la lutte. Finalement Tomo-nori, enveloppé par les ennemis, se donna la mort.

Les insurgés faisaient des progrès très-rapides. Le *hyau-ye-no-suke*[20]

13 兼原.
14 般若野.
15 砥並山.
16 志雄山.
17 知度.
18 岡田親義.
19 重義.
20 兵衛佐. *Suke* 佐

de droite Tame-mori[21], second fils de Yori-mori, fut tué par Mitsi-gutsi-Kane-mitsi[22]. Kore-mori recula pour protéger le mont *Sara-gaku*[23]. Au moment où Tada-nori et Mori-tosi attaquaient et mettaient en déroute Iki-iye, ils apprirent que Kore-mori était battu. Alors il rebroussa chemin pour réunir ses troupes à celles de Kore-mori. Puis ils retournèrent occuper le gué de l'*An-taku*.

Hatake-yama-Sige-yosi, qui se trouvait à l'avant-garde, voyant venir une dizaine de cavaliers qui avaient traversé la rivière, s'écria : « Les ennemis ne sont pas loin. » Alors prenant trois cents cavaliers, il monta sur le mont *Sino-vara-gaku*[24] et aperçut en effet les insurgés. Il dépêcha aussitôt un courrier à l'armée pour dire : « Toutes les troupes des Minamoto passent la rivière. Je vais de l'avant, et je demande que le reste de l'armée me suive. » Yosi-naka appela Mitsi-gutsi-Kane-mitsi, et lui montrant le sommet de la montagne il lui demanda s'il ne connaissait pas le chef de cet escadron. « C'est Hatake-yama-Sige-yosi, répondit l'autre. Comme j'ai souvent voyagé dans le Musasi, je connais l'emblème de ce drapeau. » « C'est un homme, dit Yosi-naka, avec lequel on peut sans crainte se mesurer. » Et il chargea Kane-mitsi de l'attaquer. Il y eut de part et d'autre un nombre égal de morts et de blessés. Puis Kore-mori fit avancer son armée et livra bataille à Yosi-naka. Mais il dut reculer jusqu'à *Nari-ai*[25], où de nouveau la lutte s'engagea.

Ce fut une mêlée terrible. Yosi-naka, entendant les cris d'Ovo-ba-Kage-nao, qui encourageait ses soldats, dit : « Voilà un homme

l'officier des gardes (*hyau-ye* 兵衛) qui commande en second. Les *hyau-ye* sont au nombre de quatre. (Sgi. k. 3, 28.)

21 為盛.

22 樋口兼光.

23 佐良岳.

24 篠原兵.

25 *Nari-ai* 成合 est situé dans le cercle *Hi-ne* 日根 de la province Idzu-mi.

renommé pour sa bravouve, » et il dirigea ses cavaliers contre lui. Kage-nao, après en avoir terrassé treize, reçut une blessure et se donna la mort. Alors tous les Taira lâchèrent pied, et Sane-mori seul resta pour combattre. Le général ennemi Te-tsuku-Mitsi-mori[26] l'appela et lui demanda son nom. Sane-mori répondit : « Coupe ma tête et offre-là au seigneur de *Ki-sou*[27] qui me connaît bien. » Et comme il s'avançait pour le braver, les cavaliers de la suite de Mitsi-mori l'en empêchèrent. Sane-mori se saisit de l'un d'eux et allait le tuer lorsque Mitsi-mori le délivra. Ces trois hommes luttaient corps à corps. Sane-mori étant tombé de cheval fut tué par Mitsi-mori, qui offrit sa tête à Yosi-naka en l'accompagnant d'une lettre ainsi conçue : « C'est la tête d'un petit cavalier vêtu d'habits brochés et dont les paroles ont l'accent oriental. »

Yosi-naka dit : « N'est-ce pas la tête de Sane-mori? » Et il appela Kane-mitsi pour la lui montrer. « C'est bien cela, dit Kane-mitsi. » Yosi-naka reprit : « Je connais Sane-mori pour être un homme âgé. Maintenant ses cheveux sont noirs. Qu'est-ce que cela signifie? » L'autre lui répondit : « Sane-mori s'est entretenu jadis avec moi dans les provinces orientales et m'a dit : « Si un vieillard comme moi veut suivre l'armée, il « faut qu'il se teigne les cheveux. Sinon il est difficile qu'il se mêle aux « soldats qui n'ont que trente ans. » Il est donc probable qu'il aura fait « comme il avait dit. » Alors on lava ses cheveux, qui se trouvèrent en effet être tous blancs. » Yosi-naka pleura et dit : « Quand j'étais jeune orphelin j'ai été nourri par ce vieillard. Je pensais toujours qu'il reviendrait auprès de moi et que je pourrai alors le servir avec un dévouement filial. Mais il n'a pas voulu méconnaître les bienfaits de l'Empereur,

26 手塚光盛.

27 木曾公. Il veut sans doute désigner Yosi-naka.

et il est mort à son service. On ne peut certes blâmer une conduite si loyale. »

Après avoir pris soin de le faire ensevelir, Yosi-naka se mit de nouveau à la poursuite de troupes impériales. Plus de dix hommes, parmi lesquels T. Mori-tsuna et F. Kage-taka[28], périrent à cette occasion. Tous les généraux de l'Empereur, ayant été battus, retournèrent en Occident. Le *hau-vau* tint conseil. F. Naga-kata se souvenant qu'en Chine la dynastie des Han avait autrefois traité avec les barbares, demanda qu'on accordât une amnistie aux Minamoto. Ceux-ci ayant refusé, les Taira envoyèrent un message aux *san-tou* pour les entraîner dans leur parti. Mais ces bonzes, non plus, n'écoutèrent point leurs propositions. Au septième mois, Sada-yosi pacifia le Si-kai. Quand il revint de son expédition, traînant à sa suite les généraux Kiku-tsi-Taka-nao[29] et Hara-ta-Sane-nao[30] et tous leurs officiers qui avaient capitulé, amenant avec lui mille cavaliers et cent mille mesures de riz, tous les Taira furent dans la joie et demandèrent qu'on protégeât les provinces de l'Orient et du Nord contre les Minamoto.

Un homme du Mi-no vint annoncer que Yosi-naka était entré dans le Au-mi pour l'envahir. Alors Suke-mori, Tomo-mori, Sige-hira et Sada-yosi partirent pour défendre le U-dzi et le Se-ta, et on chargea Yori-mori de les remplacer dans leurs provinces. Celui-ci, après avoir d'abord refusé, finit par s'exécuter. M. Iki-tsuna menaçait la capitale, et les *san-tou* s'étaient rangés sous le drapeau de Yosi-naka. Alors Mune-mori rappela tous les généraux. Il chargea Sada-yosi de tenir tête à Iki-tsuna dans le Set-tsu. Tomo-mori, avec cinq cents cavaliers, resta dans l'Ava-dzi, où il livra bataille à l'avant-garde de

28 景高. 29 高直. 30 原田種直.

Yosi-naka, mais il n'eut pas l'avantage et dut reculer. Yori-tomo fit avancer son armée vers le *Hi-yei-san*.

Mune-mori convoqua tous les membres de sa famille, et, délibérant avec eux, il leur dit : « Comme nous avons peu de troupes ici, je désirerais que l'Empereur et le *hau-vau* se rendent promptement dans le Si-kai, et que là on tente un nouvel effort. A cet effet, quelles mesures pensez-vous prendre ? » Tomo-mori dit : « Une telle chose ne peut se faire. Notre ancêtre Kwan-mu-ten-wau qui, en abdiquant ne garda que son titre de soldat, a fondé la capitale. Depuis, huit générations se sont succédées et jamais l'on n'a songé à quitter cette cité. Ne vaut-il pas mieux combattre ici, jusqu'à ce que nous ayons cassé notre dernière épée et tiré toutes nos flèches ? » Nori-mori, Tsune-mori et presque tous les autres se rangèrent à cette proposition. Mais Mune-mori, ne voulant point l'accepter, envoya un message au *hau-vau*, qu'on ne trouva pas chez lui.

Alors Mune-mori, désespéré, prépara le départ de l'Empereur, de la mère de l'Empereur et de Kore-aki, frère de l'Empereur. Il prit avec lui l'épée précieuse et le cachet impérial[31] et mit le feu à plusieurs châteaux. Il partit pour l'Occident, entraînant à sa suite son fils l'*u-ye-mon-suke*[32] Kyo-mune[33] et un fils plus jeune le *tsiu-na-gon* Tomo-nori; l'*u-tsiu-zyau* Sige-hira; Kyo-fusa, gouverneur de l'Ava-dzi, et le frère adoptif de Kyo-fusa; l'un des deux *zyou*[34] du Ministère de l'instruction publique, Kyo-sada[35]; Kyo-kuni, gouverneur du Tan-ba;

[31] C'est-à-dire, les insignes du pouvoir impérial.

[32] *U-ye-mon-no-suke* 右衛門督. En Chine on l'appelle *u-kin-go* (*Sgz.* k. 3. 22). Voir fo 123, n. 10.

[33] 清宗.

[34] *Zyou* 丞. C'est le titre que porte les *kau-gwan* dans les huit ministères. Il y a le premier et le second *zyou*. (*Sgz.* k. 3, *26.*) Ils viennent après les *hu* 輔.

[35] 清定.

l'oncle de Kyo-kuni, le *san-gi* Tsune-mori; le *tsiu-na-gon* Nori-mori; Tada-nori, gouverneur du Satsu-ma; le fils de Tsune-mori, Tsune-masa[36], chambellan de l'Impératrice; Tsune-tosi[37], gouverneur du Waka-sa; le fils de Nori-mori, Mitsi-mori, gouverneur du Yetsi-zen; Nori-tsune[38], gouverneur du No-tou; Hira-mori[39], officier de cinquième classe (*zyu-ka*); le fils de Tomo-mori, Tomo-aki[40], gouverneur du Mu-sasi; le frère cadet de Tsune-tosi, Atsu-mori[41]; les deux frères cadets de Kyo-fusa, Kore-tosi[42] et Yosi-hira; l'ancien[43] fils de Moto-mori, le *sa-ba-no-kami*[44] Iki-mori[45]; le *set-syau* F. Moto-mitsi et le *dai-na-gon* T. Toki-tada.

Le vice-*dai-na-gon* Yori-mori le rejoignit un peu plus tard. Mais comme on atteignait *To-ba*[46], il jeta la bannière rouge et se rendit en Orient, car il était en secret favorable au *hau-vau*. Moto-mitsi également quitta les rangs de l'armée et passa à l'ennemi. T. Mori-tsugu[47] voulut aller à sa poursuite, mais Mune-mori lui dit : « Laisse-le courir; je ne saurais garder auprès de moi des serviteurs infidèles, » et il demanda

36 *Kiu-ryau* 宮亮.

37 經俊.

38 孝經.

39 業盛.

40 知章.

41 享盛.

42 維俊.

43 Cela signifie sans doute qu'il avait été adopté.

44 左馬頭 ou *sa-ma-no-kami*. Voir F° 114, n. 8. Le *Sgz.* k. 3, 24, donne à *sa-ma*, comme charge correspondante en Chine, celle de *tso-tien-kieu* 左典廄.

45 行盛.

46 鳥羽, localité du cercle *Ki-i* 紀伊, dans la province de Yamasiro. Il y a un autre *To-ba*, situé dans le cercle *Tau-si* 荅志 de la province de Si-ma. (*Sgz.* k. 1. p. 13.)

47 盛嗣.

de quel côté le *tsiu-syau*[1] Ko-matsu s'était rangé. Comme on lui apprenait qu'il n'avait point encore fait son apparition dans le camp impérial, il dit : « Je vois que c'est un homme de la même espèce que Yori-mori. »

Alors faisant appeler Hatake-yama-Sige-yosi et son frère il leur dit : « Vos fils sont avec les Minamoto dans le Musasi. N'irez-vous pas les rejoindre là-bas en Orient ? » Ces deux hommes répondirent : « Voilà vingt ans que les Taira nous comblent de leurs bienfaits. Et maintenant, parce que nous sommes en présence du danger, nous vous quitterions ? Jamais nous ne commettrons un acte aussi déshonorant. » L'amour des pères pour leurs enfants se rencontre chez les nobles comme chez les roturiers, repartit Mune-mori. Si les pères sont en Occident et les fils en Orient, ils se détruiront mutuellement, et je ne saurais permettre que telle chose arrive, il faut donc que promptement vous passiez dans le camp de Yori-tomo. » Ces deux hommes l'écoutaient en pleurant, et ce ne fut pas sans beaucoup d'hésitation qu'ils partirent pour l'Orient.

Quand Mune-mori arriva à *Seki-do*[2], il vit venir à lui plusieurs centaines de cavaliers. C'était Kore-mori qui avait à sa suite son frère cadet, Suke-mori, *tsiu-zyau* de droite; Kyo-tsune, *tsiu-zyau* de

[1] *Tsiu-zyau* 中將. Le général intermédiaire entre le grand *(dai)* et le petit *(syau)*. Dans les gardes de l'Empereur, il y en a un pour la gauche et un pour la droite. En Chine, cette fonction est celle du *yu-lin-tcung-liang-tsiang* 羽林中郎將 ou du *hu-kwei-tcung-liang-tsiang* 虎貴｜｜｜. (*Sgz.* k. 3, 19.) — Le *Syau-syau* 少將 est le général qui vient après le *tsiu-syau*. Il y a le *syau-syau* de gauche et le *syau-syau* de droite. Maintenant le général intermédiaire et le petit général s'appellent *a-syau* 亞相 ou *zi-syau* 次將. En Chine, le titulaire de cette charge se nomme *sin-wei-liang-tsiang* 新衛｜｜. (*Sdt.* 9, 11.)

[2] 關戶.

gauche; Ari-mori[3], *syau-syau* de gauche; le *zi-zyu*[4] Tada-fusa[5] et le gouverneur du Bit-tsiu, Moro-mori[6]. Ils furent reçus avec enthousiasme. Et Kore-mori dit : « J'ai quitté mes femmes pour venir ici ; les malheureuses pleuraient et voulaient me retenir. Telle est la cause de mon retard. » Mune-mori dit : « Nous avons amené nos familles avec nous, pourquoi es-tu seul à ne l'avoir pas fait? » Il répondit : « Si j'avais transporté avec moi ma famille, comment aurais-je pu la protéger lorsque les ennemis nous environneront? » Ces paroles jetèrent l'assistance dans l'inquiétude.

Tsune-masa, dans sa jeunesse, avait servi l'*hau-sin-wau*[7] Nin-wa-zi[8] et reçut de lui un *bi-wa*[9]. Il avait pour cet instrument de musique un attachement tel que même en voyage il ne s'en séparait point. Or, un jour, l'ayant enveloppé soigneusement, il revint trouver son prince et lui dit : « Les événements ont pris une tournure si critique que j'aurais un grand désir de me rendre à l'armée. Ne me refusez point cette grâce et souffrez que je me sépare de vous. » Et prenant le *bi-wa*, il en joua jusqu'à faire couler les larmes du prince et de tous les assistants. Tsune-masa dit : « Jusqu'à présent j'avais désiré conserver de vous ce souvenir pour le transmettre à mes descendants. Mais si je le prends avec moi et que je vienne à périr dans une bataille, il arriverait certainement quelque malheur à ce *bi-wa*. Cette idée m'est pénible. » Il rendit l'instrument et s'éloigna.

3 有盛.

4 *Omoto-bito* ou *zi-ziu* s'écrit 侍從, 侍女, 左右 ou 東. Ce sont des fonctionnaires attachés à la personne de l'Empereur. Depuis *Toyo-tomi-Hide-yosi-kou* 豐臣秀吉公, on les recrute aussi dans l'ordre militaire. On voit dans les *Annales des Dairi*, p. 427, qu'ils sont au nombre de huit.

5 忠房.

6 師盛.

7 法親王. Le *sin-wau* qui est entré en religion. Voir f° 114, n. 2.

8 仁和寺.

9 Sorte de guitare.

Tada-nori, revenant de la rivière *Yodo*[10], se rendit chez son professeur de poésie F. Tosi-nari[11]. C'était le soir; il frappa à la porte, déclina son nom et demanda le maître du logis. Celui-ci ouvrit la porte avec précaution, et, lorsqu'ils se furent reconnus, Tada-nori parla ainsi : « Depuis qu'on a mis les troupes sur pied je n'ai pu venir plus souvent vous voir. Maintenant nous allons de nouveau être séparés l'un de l'autre. Or, ayant appris que l'Empereur vous avait chargé de faire un recueil de poésies. Je pensais vous prier d'y mettre quelque pièce de vers de ma composition. De cette façon, si je meurs, je ne périrai pas tout entier. Alors il sortit de la couture de son vêtement militaire un cahier de poésies. Tosi-nari versa des larmes en le recevant. Iki-mori, professeur de Sada-iye[12], fils de Tosi-nari, lui laissa aussi son recueil de poésies. Tosi-nari et Sada-iye choisirent dans ces deux recueils un certain nombre de pièces de vers qu'ils publièrent dans la suite.

Toutes les familles restées fidèles au gouvernement se transportèrent en Occident avec l'Empereur. On fit la rencontre de T. Sada-yosi, qui, venant du Set-tsu, descendit de cheval, se prosterna et dit : « Où allez-vous donc? » Mune-mori l'informa des résolutions qui avaient été prises. Sada-yosi lui adressa de sévères reproches et déclara qu'aller en Occident était une faute; mais il ne fut point écouté. Sada-yosi se rendit seul en Orient, et quand il entra dans la capitale il trouva tous les châteaux en cendres; alors il vint de nuit au tombeau de Sige-mori, et s'adressant aux mânes de ce guerrier il lui dit : « Si tu savais un peu ce qui se passe maintenant, tu demanderais certes aux puissances de l'enfer de restaurer les Taira dans leur ancienne splendeur. » Au matin, il ouvrit le tombeau, prit les ossements de Sige-mori et alla rejoindre l'armée en Occident.

[10] Le *Yodo* 淀. Dans le cercle *Ku-se* 久世, de la province de Yamasiro il y a une localité qui porte le même nom.

[11] 俊成.

[12] 定家.

Puis il se rendit en toute hâte à *Fuku-vara,* où Mune-mori réunit les généraux et délibérant avec eux, leur dit : « La chute de notre famille ne saurait être un événement comparable, pour le chagrin qu'il nous causerait, à la perte des insignes sacrés du pouvoir impérial[13]. Si tel malheur nous arrivait, que deviendrions-nous ? » A ces paroles, tous se mirent à pleurer et répondirent : « Nous avons reçu sous tous les règnes des bienfaits de l'Empereur, nos sentiments pour lui seront les mêmes aux jours de la prospérité comme dans les revers, et nous agirons comme l'Empereur le commandera. Si les animaux sont sensibles aux bienfaits, à plus forte raison les hommes le seront-ils ? » Ces paroles réjouirent le cœur de Mune-mori, et tous ensemble se rendirent au tombeau de Kyo-mori. Chacun lui présenta ses hommages, et toute la nuit on joua des instruments de musique. Au point du jour, l'armée mit le feu aux palais et châteaux et passa au Si-kai sur des bateaux.

Le *hau-vau* destitua plus de quatre-vingts fonctionnaires Taira, et donna l'ordre de détruire leurs propriétés qu'il remit aux partisans de Yosi-naka pour se les partager. Puis il éleva au trône le quatrième fils de l'empereur Taka-kura ; ce que les Taira ayant appris, ils regrettèrent de ne l'avoir pas pris avec eux.

On se décida à bâtir une résidence à l'Empereur dans le Bun-go. Yori-tsune, fils de F. Yori-suke[14], gouverneur du Bun-go, et O-gata-Kore-yosi[15], natif de cette province, en vertu d'un ordre du *hau-vau*, levèrent des troupes dans le Si-kai. Ils envoyèrent aux troupes impériales un messager porteur de ces paroles : « Vous ne devez pas rester dans cette contrée ni songer à y restaurer les Taira. » « Mais l'Empereur légitime est ici, répondit Toki-tada. Comment pourrions-nous vous satisfaire ? » Kore-yosi pour toute réponse l'attaqua avec trente mille hom-

13 A savoir l'epée et le cachet. 14 頼輔. 15 維義.

mes. Hide-yosi[16], Taka-nao et Sane-nao qu'on lui opposa furent battus, et s'enfuirent jusqu'à *Hako-saki*[17]. Ils allèrent ensuite à *Yama ka*[18], où ils furent informés que les familles Kiku-tsi et Hara-da[19] s'étaient révoltées; alors ils se dirigèrent vers la baie *Yanagi-ura*[20], et adressèrent aux dieux des supplications dans le temple *U-sa*[21]*-no -miya*. Bientôt apprenant que Kore-yosi cherchait à les atteindre, ils s'enfuirent et demandèrent un refuge à la flotte.

Kyo-tsune prévit que la lutte aurait une issue fatale pour son parti; et la nuit, sur le pont d'un navire, au clair de la lune, il se mit à jouer de la flûte, puis se précipita tout à coup dans la mer et mourut.

A cette époque, le Naga-to était gouverné par Nori-mori. Son

16 貞能.

17 *Hako-saki* 箱崎 est situé dans le cercle *Kasu-ya* 糟屋, de la province de Tsiku-zen. A la fin du deuxième siècle après J.-Ch., l'empereur Tsiu-ai partit avec Zin-gau -kwau-gou, son épouse, pour soumettre à sa domination le *Sin-ra* 新羅, un des royaumes de la Corée. Arrivé à *Kasi-hi-no-miya* 橿日宮, dans la province de Tsiku -sai, l'Empereur mourut. Or l'Impératrice était enceinte, et quand approcha le moment de sa délivrance, elle prit le costume d'un guerrier, s'attacha une pierre autour des reins et demanda aux dieux de n'accoucher qu'après avoir vaincu l'ennemi. Lorsqu'elle eut conquis les *San-kan* 三韓 (les trois royaumes de la Corée), elle revint dans le Tsiku-sai, et se trouvant à *U-mi-mura* 宇瀰邑, elle mit au monde un fils, qui fut plus tard l'empereur O-sin-ten-wau. On mit le placenta dans une boîte qu'on enterra, et dessus l'on planta un pin pour marquer la place. Depuis lors, cette localité porte le nom de *Hako-* (boîte) *saki* (lieu planté de pins.) (*Std.* k. 80, p. 7 et 8.)

18 *Yama-ka* 山鹿 est situé dans le *On-ga* 遠賀, de la province de Tsiku -zen.

19 原田.

20 柳浦.

21 *U-sa* 宇佐, cercle de la province Bu-zen, s'écrivait autrefois avec les caractères 菟狹. (*Sgz.* k. 1, 35.)

moku-dai[22] Ki-no-Mitsi-suke[23] offrit à l'Empereur plus de cent navires, avec lesquels il put atteindre *Ya-sima*[24] du Sa-nuki. Ta-gutsi-Nari-yosi[25], homme influent de l'Ava, arriva avec mille cavaliers; il parcourut le Si-koku, pour éclairer les populations sur les défauts et mérites respectifs du parti de l'Empereur et de celui des rebelles; il gagna ainsi de nombreux partisans à l'Empereur, qui choisit alors *Ya-sima* pour résidence. Nari-yosi fit ensuite, dans le même but, la tournée du San-yau-dau.

Le onzième mois intercalaire, M. Yosi-naka chargea Asi-kaga-Yosi-kyo[26], Taka-nasi-Taka-nobu[27], U-no-Iki-hiro[28] d'attaquer l'Empereur; il rejoignit plus tard l'armée. Mitsi-mori et Nori-tsune, avec plus de trois cents navires, lui opposèrent résistance et l'attaquèrent à leur tour. Puis les Taira se fortifièrent dans le château de *Midzu-sima*[29]. Les Minamoto, arrivant sur plus d'un millier de bateaux, débarquèrent. Nori-tsune sortit du château par les portes de l'Orient et du Nord et fondit sur les ennemis, mais ceux-ci, au nombre de cinq mille hommes l'attaquèrent. Nori-tsune fit semblant de fuir. Sige-hira et Mitsi-mori qui commandaient aux pilotes des bateaux échelonnèrent des troupes depuis l'Ouest et le Sud de l'île pour en garder les abords. Nori-tsune relia le pont de ses navires par des planches afin que la manœuvre fût plus facile. Il tua lui-même d'une flèche Taka-nobu. Comme les soldats

22 Ou remplaçant. Voir f° 125. n. 30.

23 紀通資.

24 *Ya-sima* 屋島 est une baie située dans le cercle *Yama-ta* 山田, de la province de Sanuki.

25 田口成能.

26 義清.

27 高梨高信.

28 海野幸廣.

29 *Midzu-sima* 水島 dépend du zyau-ka *Kara-tsu* 唐津, de la province de Hi-zen.

du Nord n'étaient pas accoutumés à combattre sur mer, les impériaux profitèrent d'une nuit bien noire pour les attaquer. Les insurgés furent alors complétement battus et s'enfuirent. En les poursuivant, on tua Yosi-kyo et Iki-hiro et on coupa plus de mille deux cents têtes.

Au commencement de la bataille qui eut lieu à *Sino-vara*, Se-o-Kane-yasu fut fait prisonnier par le général ennemi Kura-mitsi-Nari-sumi[30] et entra à son service. Or Ima-yi-Kane-hira[31] l'ayant rencontré un jour chez Tsika-nobu[32] parla de lui à Yosi-naka en ces termes : « Les regards de cet homme ont quelque chose d'étrange. Il vaut mieux le tuer. » Yosi-naka n'y consentit pas. Comme Kane-yasu parlait avec un accent de conviction de la fertilité de ses terres de *Se-o* dont il avait même fourni l'acte de propriété à Nari-sumi, celui-ci obtint de Yosi-naka la permission d'aller prendre possession du dit domaine. Kane-yasu servit de guide et marchait devant, lorsqu'on fit la rencontre de son fils Mune-yasu[33], escorté de plus de mille hommes qui se jetèrent sur Nari-sumi et le tuèrent.

Yosi-naka apprit cet événement comme il se rendait dans le Bit-tsiu, et il entra dans une grande colère. Il dirigea aussitôt Ima-yi-Kane-hira contre cette bande qui s'était fortifiée dans le fort d'*Ita-kura*. Kane-yasu fut battu et s'enfuit. Comme il songeait à gagner *Ya-sima*, Mune-yasu, qui était trop gros, ne put le suivre, et on dut l'abandonner. Mais au bout d'un *ri*[34], le père revint vers son fils; à ce moment arrivèrent des soldats de Kane-hira qui assaillirent Mune-yasu et le tuèrent.

Yosi-naka se disposait à attaquer *Ya-sima*, mais ayant appris que

30 倉光成澄.

31 今井兼平.

32 親信.

33 宗康.

34 Le *ri* 里 (li) vaut quatre kilomètres.

Yori-tomo arrivait de ce côté, il retourna en Orient. Le onzième mois, Nori-mori, Nori-tsune et Sige-hira livrèrent bataille à M. Iki-iye, vers le mont *Hou-zan*[35], et le battirent. Plus de dix provinces du San-yau et du Nan-kai vinrent se ranger sous leurs drapeaux. Or, Yosi-naka ayant à se plaindre du *hau-vau* entra dans la capitale et la fit ravager par ses troupes. Et s'adressant à ses généraux il leur dit : « Il vaut mieux s'attaquer au *hau-vau* qu'à de simples mortels. » Il dirigea son armée contre le château *Hau-ziu-zi-den*[36], auquel il mit le feu. Une flèche ayant atteint son char, il fit enfermer l'Empereur dans le palais de *Kan-yin*[37] et le *hau-vau* dans le *Go-dzyau-miya*[38], et tous les *ku-gyau* s'enfuirent précipitamment. Alors Yosi-naka parla ainsi aux généraux : « Toute mon ambition est d'être empereur ou *hau-vau ;* et vous n'avez d'autre désir que d'être *ku* ou *gyau*. » Il fit aussitôt prisonniers tous ceux qui portaient le titre de *ku-gyau* et quarante-neuf fonctionnaires d'un grade inférieur. Par son influence, le frère aîné de sa femme, F. Moro-iye devint *set-syau*, et il commit tant de cruautés dans la capitale qu'on en vint à regretter la famille Taira.

Yosi-naka eut une querelle avec Yori-tomo, et craignant que celui-ci ne vînt l'attaquer il voulut passer du côté des Taira. Il envoya donc à *Ya-sima* une lettre pour faire connaître ses intentions. Mune-mori était disposé à accueillir favorablement sa requête, mais Tomo-mori lui dit : « C'est Yosi-naka qui a rendu notre situation désespérée. Et nous ferions la paix avec lui ! je craindrais vraiment que Yori-tomo ne se moque de nous. Il faut lui faire cette réponse : « L'Empereur est « ici ; toi, détache les courroies de ton armure, ôte la corde de ton arc et « viens en personne faire ta soumission ; je t'accorderai alors ta demande. » Mune-mori suivit ce conseil.

L'année suivante, lorsque le San-yau-dau fut pacifié on ramena l'Em-

35 宝山.
36 法住寺殿.
37 五條宮.
38 閑院.

pereur à *Fuku-vara*. Ce château était situé sur le versant d'une montagne, près de la mer, et l'on y plaça une garnison. On rassembla des troupes pour le protéger. Au deuxième mois, Nori-mori, avec cinq cents cavaliers, occupa *Ka-dau*[1], dans le Bit-tsiu.

Or, deux mille cavaliers des gardes provinciales[2], du Sanuki, s'étant révoltés, passèrent du côté des Minamoto. Ils montèrent sur des bateaux et se rendirent à *Ka-dau*. Là ils dirigèrent leurs flèches contre les retranchements de Nori-mori. Celui-ci plein de colère s'écria : « Ces gens autrefois donnaient à boire et à manger à nos chevaux et maintenant ils osent nous braver de cette façon ! » Les vaisseaux volèrent à leur poursuite. Les *tsyau-syu* s'enfuirent dans l'Ava-dzi, et se placèrent sous la protection de M. Yosi-tsugu[3]. Mais Nori-mori les ayant rejoints en fit un grand carnage. Ce fut dans cette affaire qu'il tua Yosi-tsugu et Yosi-hisa[4].

Puis il attaqua Kava-no-Mitsi-nobu[5] dans l'Iyo. Mitsi-nobu s'enfuit dans l'Aki, et se réunit à O-gata-Kore-yosi[6]; tous deux allèrent en Orient et entrèrent dans le Bit-tsiu. Ils se fortifièrent à *Ima-ki*[7]. Nori-mori les y vint chercher, et dans l'espace d'un jour et une nuit il parvint à les déloger de cette position. Mune-mori présenta une adresse à l'Empereur pour qu'il élevât Nori-mori au premier rang de deuxième classe, avec la charge de *dai-na-gon;* mais celui-ci refusa cet honneur. Les deux frères cadets de Yori-tomo, Nori-yori[8] et Yosi-tsune, attaquèrent Yosi-naka et le tuèrent.

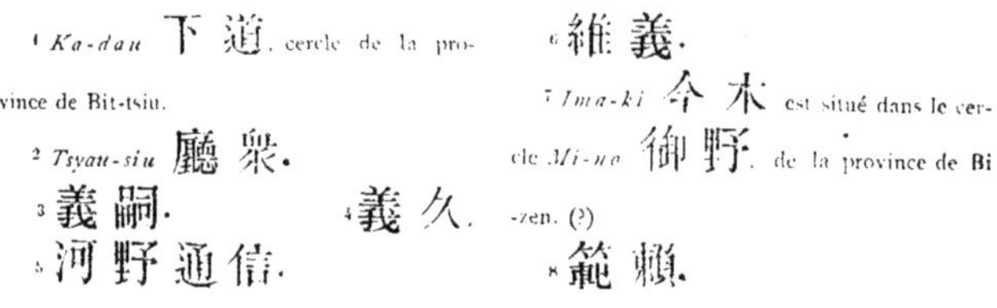
1 *Ka-dau* 下道, cercle de la province de Bit-tsiu.
2 *Tsyau-siu* 廳衆.
3 義嗣.
4 義久.
5 河野通信.
6 維義.
7 *Ima-ki* 今木 est situé dans le cercle *Mi-no* 御野, de la province de Bi-zen. (?)
8 範賴.

Enfin sur l'ordre du *hau-vau* tous les généraux, y compris ceux du Kwan-tou, se préparèrent à une action générale, et l'on fixa le jour où les troupes donneraient l'attaque. La capitale, de son côté, s'apprêtait à la résistance. Tomo-mori et Sige-hira défendaient la porte orientale, et le mont *Hoku-san*[9] était gardé par sept mille fantassins de Suke-mori, Ari-mori et Moro-mori. Yosi-tsune de nuit les attaqua par surprise et les mit en déroute. Cet échec couvrit de confusion Suke-mori, qui s'enfuit à *Ya-sima*. Mune-mori ordonna aux généraux de le remplacer. Mais tous craignirent d'y aller. Enfin Nori-mori s'offrit, et le soir même il partit avec Mitsi-mori et Mori-tosi pour défendre le *Hoku-san*.

F. Kage-kyo[10], préposé à la garde de la porte occidentale, repoussa l'attaque de Nori-yori, tandis que Sige-hira et Tomo-mori, du côté de la porte d'Orient, battaient les ennemis commandés par Do-ye-Sane-hira[11]. Mais peu après, Yosi-tsune arrivant par un sentier détourné surprit les impériaux. Il répandit partout l'incendie, et le château tomba en son pouvoir. Sige-hira s'enfuit en Occident. Sau-iye-naga[12], soldat d'Orient, le poursuivit et atteignit d'une flèche son cheval, qui s'abattit. Sige-hira appela le serviteur qui montait son cheval de réserve. Mais cet homme, pressé de fuir, resta sourd aux cris de son maître. Sige-hira allait se tuer quand il fut atteint par Iye-naga et fait prisonnier.

Tada-nori avait également pris la fuite, et poursuivi par Oka-be-Tada-sumi[13], il lui fit croire qu'il était un soldat d'Orient. Mais l'autre lui répliqua : « Tu as un bonnet et les dents peintes; tu n'es donc pas un homme de l'Orient ? » Alors Tada-nori se retourna pour combattre, et

9 北山.
10 景清.
11 土肥實平.
12 莊家長.
13 岡部忠澄.

saisissant Tada-sumi il le terrassa. Trois fois il le frappa, mais l'épée ne put traverser la cuirasse. Sur ces entrefaites arriva le serviteur de Tada-sumi, et Tada-nori fut tué. En examinant son armure, on y trouva un document rédigé en vers, qui fit connaître à Tada-sumi le nom de son adversaire.

Tsune-masa s'enfuit, et comme il traversait la vallée *Oro-kura-dani*[14] il s'entendit appeler par Sau-kao-iye[15] qui voulait le provoquer au combat. Il se retourna et répondit : « Je rougirais de me mesurer avec toi. » Kao-iye irrité se jeta sur lui. Tsune-masa étant tombé de cheval se donna la mort.

Ses frères cadets Tsune-tosi, Mitsi-mori, Hira-mori, Moro-mori, Kyo-sada, Kyo-fusa et Mori-tosi trouvèrent tous la mort. La femme de Mitsi-mori ayant appris que son époux avait été tué se jeta dans la mer. Nori-mori se rendit par eau dans l'Avadzi. Mune-mori fit passer l'Empereur sur un navire. Les Taira, poursuivis de très-près, se jetèrent sur les bateaux dans le plus grand désordre, et le nombre de ceux qui périrent noyés fut considérable.

Tomo-mori, gouverneur du Musasi, reconnu et poursuivi par un homme de cette province, fut secouru par son fils Tomo-aki, âgé de dix-sept ans, qui arrêta l'agresseur, lui tua un cavalier, fut tué à son tour, mais permit à son père d'échapper. Arrivé au bord de la mer, Tomo-mori monta sur un bateau, qui se trouva trop étroit pour recevoir aussi sa monture. Il frappa de son bâton la tête de son cheval qui s'élança sur le rivage. « C'est un bon cheval, dit Ta-gutsi-Nari-yosi; il vaut mieux l'abattre que de l'abandonner aux ennemis. » Mais Tomo-mori dit : « C'est grâce à lui que j'ai échappé, je ne souffrirai pas qu'on le tue. » Le cheval regarda Tomo-mori et se mit à hennir trois fois. Finalement il fut pris par Yosi-tsune.

14 大藏谷.　　15 莊高家.

Tomo-mori dit à Tsune-mori[16] : « Le fils meurt pour sauver son père. Le père abandonne son fils et se sauve. Si un homme faisait cela, je devrais lui cracher au visage. Eh bien ! je me suis conduit comme cet homme-là ! » Et il se mit à pousser des sanglots et à verser des larmes. Atsu-mori, qui était du même âge que Tomo-aki, voyant passer le bateau de Tomo-mori le suivit le long du rivage. Mais il fut pris par Kuma-gaye-Nao-sane[17].

Ce même jour, Nao-sane, en dirigeant de bonne heure l'attaque contre la porte occidentale, avait entendu des sons de flûte qui venaient du château. Quand il s'empara d'Atsu-mori, il trouva cachée sous ses habits une flûte, et s'étant informé il apprit qu'en effet c'était bien son prisonnier qui, le matin, avait joué de cet instrument. Alors, en demandant à Yosi-tsune la tête d'Atsu-mori, il demanda aussi la flûte; mais on les avait déjà données l'une et l'autre à Tsune-mori. Le combat terminé, Yosi-tsune se rendit vers le *hau-vau* et lui offrit toutes les têtes qu'on avait prises à l'ennemi.

Le *hau-vau* chargea quelqu'un de dire à Sige-hira : « Si dans une lettre tu persuades Mune-mori de me remettre les insignes du pouvoir impérial, tu sauveras ta vie; ta liberté te sera rendue et tu pourras retourner à *Ya-sima.* » Sige-hira répondit : « Mes ancêtres sous tous les règnes ont rendu des services méritoires à la famille impériale; cependant leurs fils et petits-fils se sont vu retirer la faveur du prince. Si notre situation est devenue si critique, c'est que telle était notre destinée. Sans doute l'on ne peut me rendre seul responsable de nos revers, pas plus qu'en cas de succès l'on ne m'attribuerait tout l'honneur de la victoire. Mais si j'ai été fait prisonnier c'est à moi seul que je dois m'en prendre. Et après un tel malheur, retournant à la capitale, comment pourrais-je supporter les regards de ma famille ? D'ailleurs elle ne consen-

16 宗盛. 17 熊谷直實.

tirait pas à donner les insignes sacrés en échange de ma personne. Cependant je ne refuse pas de me rendre à vos ordres. »

Alors il écrivit dans ce sens à Mune-mori, et, suivant le messager du *hau-vau* qui portait la lettre, il arriva à *Ya-sima*. Toki-go en la lisant gémit et pleura; elle aurait voulu qu'on écoutât cette proposition, mais Tomo-mori déclara que ce n'était ni possible, ni convenable, et il conseilla à Mune-mori de donner au *hau-vau* une réponse ainsi conçue : « Nous sommes prêts à vous donner des témoignages de notre respect. Mais si Mitsi-mori et d'autres officiers ont reçu l'ordre de mourir, pourquoi Sige-hira serait-il seul à vouloir être épargné. Quant aux insignes sacrés, ils ne doivent pas quitter un instant la personne de l'Empereur. Que votre auguste personne se souvienne des services signalés rendus par Sada-mori et Kyo-mori et qu'elle veuille bien tourner son char du côté des provinces de l'Occident et se rendre au milieu de nous. Toutes les troupes que nous lèverons au sud comme à l'ouest pour battre les insurgés seront pour elle un rempart. Mais si vous n'y pouvez consentir, nous préférerions aller aux *San-kai*[18] ou chez les *Ki-tan*[19] plutôt que de vous accorder votre demande. »

T. Toki-tada se saisit de l'envoyé du *hau-vau* et le renvoya le nez coupé. Le *hau-vau* entra en fureur. Yori-tomo, auquel il avait livré Sige-hira et qui ne rêvait que cruautés, envoya celui-ci à *Kama kura*[20] enfermé dans une cage. Puis, sur son ordre, Kadzi-vara-Kage -toki[21] fit tomber le malheureux sur le côté et l'écrasa de son genou. Sige

[18] Voir f° 130, n. 17.

[19] *Ki-tan* 契丹, nation tongouse qui habitaient les montagnes du nord de la Corée et qui descendirent plus tard en Tartarie. Ce sont les ancêtres de la dynastie chinoise des Liao. Voir Smith, *Vocabulary of Chinese proper nomes.*

[20] *Kama-kura* 鎌倉 est un des cercles de la province de Sagami. (*Sgz.* k. 1, 22.)

[21] 梶原景時.

-hira ne voulut point accepter les excuses de cet homme qui prétendait avoir agi sans mauvaise intention. Kage-toki dit à Yori-tomo, qui de loin avait assisté à cette scène : « Sige-hira est arrivé au terme de sa destinée. Imite la conduite des anciens. » Et il demanda que promptement on lui abandonna cet homme pour le faire mourir. Mais Yori-tomo confia la garde de son prisonnier à Kari-no-Mune-sige[22]. Il lui fit préparer un bain chaud, et lui donna sa servante Sen-si[23] pour l'assister. Celle-ci lui ayant demandé ce qu'il désirait, Sige-hira pria qu'on lui coupât les cheveux, mais Yori-tomo ne le permit pas. Il lui fit servir du vin, et lui laissa Sen-si et Ye-to-Suke-tsune[24] pour lui tenir compagnie. Suke-tsune joua du tambour et Sen-si du *bi-wa*. Sige-hira tendit sa coupe à Sen-si, et, animé par cette musique, il entonna la chanson suivante :

La lampe est près de s'éteindre.

Sur mon visage coulent les larmes que la famille Gu[25] me fait verser.

La nuit est bien noire.

De tous côtés retentissent les chants des Tsu[26].

Yori-tomo s'étant approché tout doucement écoutait à la porte. En

[22] 狩野宗茂.

[23] 千手.

[24] 工藤祐經.

[25] 虞.

[26] Les chants de *Tsu* 楚 (sans doute les fameux *Tsu-tse* de Kiu-youen), dont il est question ici, et la présence de 虞 (Yu), nom essentiellement chinois, nous porte à croire que c'est une poésie chinoise.

l'entendant s'exprimer ainsi il eut pitié de lui et lui envoya encore une chanteuse fort connue, nommée I-wau[27]. Elle et Sen-si, tour à tour, l'égayaient de leurs chansons. L'année suivante, au sixième mois, Sige-hira ayant été exécuté à *Na-ra-saka*[28] sur la demande des bonzes de *Nan-to*, ces deux femmes se coupèrent les cheveux pour devenir bonzesses.

Or la femme de Kore-mori habitait la capitale; ayant appris qu'un *tsiu-zyau* de troisième classe se trouvait parmi les prisonniers partisans de Sige-hira qui venaient d'arriver, elle pensa que c'était Kore-mori, mais le serviteur qu'elle envoya pour s'assurer du fait la détrompa. Quand elle vit la tête coupée de Moro-mori, elle fut remplie de chagrin et de colère. Or, Kore-mori était à *Ya-sima*, et elle était dévorée d'inquiétude à son égard.

Au troisième mois de cette année, une occasion s'étant présentée, Kore-mori se dirigea vers la capitale; mais en route il trouva le chemin occupé par l'ennemi. C'est pourquoi il se rendit au mont *Kau-ya-san*[29]. Par hasard, il rencontra un bonze qui était un de ses anciens serviteurs, et lui parla avec bonté, disant : « L'Empereur précédent avait cru à la sincérité de Yori-tomo, mais l'Impératrice en avait douté. Pour avoir fait comme Yori-mori, c'est-à-dire pour m'être enfui, je me trouve dans pareille situation. Mon désir est d'aller au temple de *Kuma-no*, et de me précipiter ensuite dans les flots de la mer pour y mourir. » Ainsi fut fait, et au moment de se jeter dans le *Na-dzi-kai*[30], il ordonna au bonze qui l'accompagnait de se rendre vers Suke-mori et de lui dire : « C'est

27 伊王.

28 奈良阪. Voir fº 129, n. 14.

29 高野山. Dans le cercle de *Naga-oka* 岡長, de la province de Tosa, il se trouve une localité portant le nom de *Kau-ya*.

30 那智海. La baie *Nadzi-ura* est située dans le cercle *Muro*. (*Sgz*. k. 1, 32.)

Sada-yosi qui maintenant porte le casque de peau chinois et l'épée dite *le petit corbeau*[31]; il faut les lui enlever, et lorsque la guerre sera terminée tu les remettras à mon fils. » A l'origine, les Taira avaient deux épées, le *Ko-karasu* et le *Nuki-maru*[32]. Il était d'usage de les transmettre au fils aîné. Or, Tada-mori donna le *Ko-karasu* à Kyo-mori et le *Nuki-maru* à Yori-mori. De là vint la haine entre ces deux maisons. Yori-mori se trouvait à la capitale pour cette affaire.

Le cinquième mois de la même année, Yori-tomo le fit appeler par lettre et lui dit : « Il faut qu'on m'amène Mune-kyo. » Alors Yori-mori se rendit en Orient. Mune-kyo ne consentit pas à le suivre et lui dit : « Je sais fort bien ce que l'on doit faire ou ne pas faire. Et si j'agissais ainsi, est-ce que je ne devrais pas en rougir devant les nobles du Si-kai et mes anciens amis ? » Puis il reconduisit Yori-mori jusque dans le Au-mi. Là, il se sépara de lui, et, se dirigeant vers l'Occident, il arriva à *Ya-sima*.

En ce même mois, le frère de Sada-yosi, Sada-tsugu[33], leva des troupes dans le I-ga pour les Taira. Il rassembla deux cents hommes, attaqua et mit en déroute le gouverneur[34] chargé de la défense de cette province, Kore-yosi. Ensuite il pénétra dans le Au-mi, livra bataille à M. Hide-yosi et le tua. Mais plus tard il fut battu par Kore-yosi et mourut dans cette rencontre. Ces contemporains l'appelèrent *Mit-ka-Hei-zi*[35]. Les Taira désirèrent faire rentrer sous leur domination le San-yau-dau.

Au neuvième mois, Iki-mori, avec deux mille fantassins, attaqua

[31] *Ko-karasu* ou *syau-u*. Voir f° 126, n. 18.
[32] 拔圓.
[33] 貞繼.
[34] *Da-nai* 大內.
[35] 三日平氏.

Ko-ʒima[1]. Nori-yori, à la tête de cent mille hommes, lui livra bataille, et l'armée impériale ayant essuyé une défaite battit en retraite. Cet événement jeta Mune-mori et ses officiers dans la consternation. Alors Tomo-mori leur dit : « Lorsqu'auparavant j'ai proposé qu'on n'abandonnât point la capitale, l'on ne m'a pas écouté. Et maintenant que faire en un péril si pressant ? » Mune-mori n'eut rien à répondre. L'année suivante, au printemps, Tomo-mori fixa sa résidence dans l'île *Hiki-ʒima*[2], qui dépend du Nagato, mit en état de défense *Mon-ʒi-no-seki*[3] et y laissa des troupes. Il attaqua et battit Do-ye-Sane-hira dans le Bi-zen, et reprit *Ko-ʒima*. Ensuite il attaqua et battit Kava-no-Mitsi-nobu, auquel il tua soixante hommes de sa famille ou de ses partisans. Il inscrivit leurs têtes qui furent envoyées à *Ya-sima*, où Mune-mori les examina.

On apprit à ce moment, que M. Yosi-tsune venait de l'Ava pour attaquer Mune-mori. Ce n'était pas encore une nouvelle certaine. Le lendemain on vit des feux répandus dans la plaine *Taka-matsu-no-sato*[4]. Ta-gutsi-Nari-yosi[5] dit : « Les ennemis viennent nous attaquer. Je demande qu'on me confie aussitôt la direction des navires. » Puis il commanda aux généraux de mettre la côte en état de défense. Ses ordres furent suivis. Yosi-tsune effectivement ne tarda point à livrer bataille aux Taira. Les troupes impériales soutinrent avec vigueur son attaque. Yosi-tsune mit le feu à la résidence de l'Empereur.

Toutes les troupes impériales montèrent sur les navires. Les deux armées, l'une sur terre, l'autre sur mer, s'envoyaient mutuellement une

[1] *Ko-zima* 兒嶋 est un cercle de la province de Bi-zen.

[2] *Hiki-zima* 引嶋 est située entre les provinces Bu-zen et Nagato.

[3] La passe *Mon-zi-no-seki* 門司關 est située dans le cercle *Toyo-ra* 豐浦郡.

[4] 高松里. *Taka-matsu* est un zyau-ka de la province de Sanuki.

[5] 田口成能.

grêle de flèches. Kage-kyo monta sur une éminence de la côte et provoqua l'ennemi au combat. Un certain Mi-o-ya-zyu-rau[6] accepta le défi, mais bientôt lâcha pied. Kage-kyo le poursuivit, lui enleva l'armure qui couvrait ses épaules, et la suspendant au bout de sa lance il s'écria : « Je suis Kage-kyo. Qui veut combattre avec moi jusqu'à la mort ? » Mais personne parmi les ennemis n'osa l'approcher.

Les troupes impériales étant débarquées, une grande bataille s'engagea. Mais elles reculèrent en désordre et regagnèrent les navires, entraînant avec elles Yosi-tsune. A plusieurs reprises il se sauva, fut repris et finalement leur échappa. Alors Mune-mori appela Nori-mori et lui dit : « Ce n'est pas la première fois que Yosi-tsune s'est dérobé à notre poursuite, quoiqu'il ne fût accompagné que d'une centaine de cavaliers ; tentez encore une fois le sort des armes avec lui. » Nori-tsune et trente hommes environ, parmi lesquels se trouvaient Mori-tsugu et Kage-kyo, s'approchant de la côte, décochèrent leurs traits contre l'ennemi. Nori-tsune, de son arc puissant et de ses longues flèches, tua dix cavaliers ennemis d'entre les plus braves. Le soir venu, Yosi-tsune recula avec ses troupes jusqu'à *Taka-matsu*. Nori-tsune établit son armée à *Hatsu-sima*[7] et se disposa à attaquer de nuit les Minamoto. Mori-tsugu engagea la lutte avec Ye-mi-Mori-kata[8]. Le jour avait déjà paru que le combat durait encore. A ce moment, Yosi-tsune arriva à la tête de sept mille hommes. Les trente hommes de Nori-tsune se portèrent à leur rencontre, et, se servant de la courte épée, luttèrent avec eux corps à corps. Les cavaliers ennemis faiblirent un moment. Nori-tsune dirigea contre eux ses flèches, mais finalement il ne put conserver l'avantage, et montant sur un navire il rejoignit le reste de l'armée. Kuma-no-Tan

6 美尾屋十郎.

7 *Hatsu-sima* 八島 se trouve dans le cercle *Yama-ta*, de la province de Sanuki.

8 江見盛方.

-zau[9], Kava-no-Mitsi-nobu et leurs soldats se rangèrent tous du côté des Minamoto dont l'armée s'accroissait de jour en jour.

Les Taira conduisirent l'Empereur à *Si-do*[10] pour y trouver un refuge. Yosi-tsune bientôt vint l'y chercher, et l'Empereur recula pour protéger *Hiki-sima*. Plus tard, les provinces de Nagato et de Su-hau ayant embrassé le parti des Minamoto, les Taira allèrent à *Hako-saki*, mais lorsqu'ils apprirent que Nori-yori se trouvait dans le Bun-go avec de grandes forces, ils s'établirent à *Dan-no-ura*[11]. Bientôt ils furent complétement bloqués sur terre comme sur mer par les Minamoto. Ceux-ci avec trois mille bâtiments de guerre attaquèrent la flotte des Taira composée de cinq cents vaisseaux seulement. Tomo-mori, debout sur la proue d'un navire, haranguait ainsi les officiers : « C'est aujourd'hui que se décidera pour nous la victoire ou la défaite; avancez ou mourez, mais ne reculez pas. Unissez vos forces pour un suprême effort. Il faut s'emparer de Yosi-tsune, et tout sera terminé. » Kage-kyo et Moro-tsugu rivalisaient d'ardeur pour assurer la victoire à leur parti.

Or, Ta-gutsi-Nari-yosi avait des intelligences avec l'ennemi. Tomo-mori dit à Mune-mori : « Tous les soldats sont pleins d'enthousiasme. Seul, Nari-yosi m'inspire quelque défiance et je voudrais qu'on le fît mourir. » Mais cela lui fut refusé. Et comme il insistait, Mune-mori appela Nari-yosi et l'exhorta à montrer plus de zèle. Celui-ci l'assura de son dévouement. Alors Tomo-mori mit la main à son épée en regardant Mune-mori. Malgré cette insinuation, Mune-mori ne put se

9 熊野湛增.

10 *Si-do* 志度, localité du cercle *Samu-gava* 寒川, de la province de Sanuki.

11 *Dan-no-ura* 壇浦 est situé dans le cercle *Yama-ta*, de la province de Sanuki.

décider à ôter la vie à Nari-yosi. Ensuite il y eut un grand combat où la bravoure des impériaux fit plier plus d'une fois l'armée d'Orient. Nari-yosi passa dans le camp de Yosi-tsune et l'avertit que les Taira avaient transporté l'Empereur sur un vaisseau de guerre avec quelques troupes et désiraient attirer l'ennemi et le cerner. Quand Yosi-tsune sut où se trouvait l'Empereur et son entourage il se hâta de rassembler ses troupes pour donner l'attaque de ce côté.

Alors Tomo-mori se rendit sur le navire de l'Empereur et voyant toutes les femmes se précipiter au devant de lui et demander des nouvelles de la bataille, il éclata de rire et dit : « Les nobles ne doivent-ils pas me regarder comme supérieur en bravoure à tous les hommes des provinces de l'Orient? » Et comme on se lamentait, Tomo-mori de sa main jeta hors du vaisseau les objets inutiles qui s'y trouvaient. Alors Toki-ko tenant l'Empereur serré contre elle, s'attacha à lui par une ceinture et plaça sous son bras l'épée précieuse et le cachet sacré; puis ils montèrent tous sur le pont et se tenaient debout sur la proue. L'Empereur avait alors huit ans. Il demanda à Toki-ko ce que cela signifiait. Et celle-ci répondit : « Les barbares dirigent leurs flèches en grand nombre contre le navire impérial, c'est pourquoi il faut se transporter ailleurs.» Puis l'Empereur et tous ceux qui l'entouraient s'élancèrent dans les flots et périrent. La mère[12] de l'Empereur suivit cet exemple, mais les soldats d'Orient la retirèrent de l'eau par les cheveux et la firent prisonnière. Iki-mori et Ari-mori, apprenant cela, se jetèrent dans la mer et y trouvèrent la mort. L'effort de l'ennemi se portait contre Nori-tsune, renommé pour sa bravoure. Nori-tsune combattait avec ardeur et une quantité prodigieuse de soldats tombait sous ses coups. Tomo-mori lui cria : « Plutôt que de tuer

[12] Ken-rei-mon-in, c'est-à-dire Toki-ko. Dans les *Annales des Daïri*, p. 196, Tok-si (Toki-ko) est mentionnée comme étant la fille de Kyo-mori, tandis que le *Nit-pon-gwai-si* la considère comme l'épouse de ce dernier. Voir pp. 25 et 43.

au hasard une multitude d'hommes, pourquoi ne choisissez-vous pas parmi les plus braves ceux que vous destinez à la mort ? » Nori-tsune répondit : « Le *tsiu-na-gon*[13] désire sans doute qu'avec Yosi-tsune j'engage un combat à mort ? » Alors il s'avança pour chercher Yosi-tsune. Ayant fini par le trouver, il ôta son casque et l'armure de ses manches et s'élança sur un navire ennemi. Il renversa les soldats qui voulaient lui résister et parvint jusqu'à Yosi-tsune. Parmi les rebelles se trouvait A-ki-Iye-mura[14], qui avait la force de trente hommes. Il avait amené avec lui deux lutteurs qui s'avancèrent vers Nori-tsune. Celui-ci, d'un coup de pied, fit tomber l'un de ces hommes, et les prenant tous deux sous ses bras il se précipita dans la mer avec eux, et tous trois périrent. Mune-mori et Kyo-mune n'ayant pu se tuer furent jetés à l'eau par des soldats de leur suite. Ils cherchèrent, en nageant, à échapper à l'ennemi. Mais des soldats s'emparèrent d'eux et les firent prisonniers.

Or, le frère cadet de Kage-kyo, F. Kage-tsune[15], les voyant passer, s'écria : « C'est vous misérables qui avez infligé une telle humiliation à notre souverain ! » Il se jeta sur eux, mais atteint par une flèche, il périt. Tomo-mori l'ayant appris grinça des dents de rage et dit : « C'est maintenant à mon tour de mourir ! » Et il mit fin à ses jours, ainsi que Nori-mori. Les partisans de Iye-naga, au nombre de huit, les enterrèrent. On était alors dans la deuxième des années *syu-yei* (1183), au vingt-quatrième jour du troisième mois, Tsune-mori, Suke-mori, et tous ceux qui échappèrent à l'ennemi se donnèrent plus tard la mort. Mune-mori et son fils, les frères de l'Empereur et leur mère, T. Toki-tada et ses officiers suivirent Yosi-tsune en Orient.

Par ordre impérial, Mune-mori fut conduit à la capitale. Et comme

13 C'est-à-dire, Tomo-mori. 14 安藝家村. 15 景經.

celui-ci, de l'intérieur de son char, regardait de tous côtés, il aperçut Kyo-mune qui ne lui rendait pas les honneurs dûs à son rang. Peu après, pendant son séjour au château de Yosi-tsune, Mune-mori ne voulut point ôter ses habits, et à l'heure du repos il frappa Kyo-mune de la manche de sa cuirasse. Les gardes aperçurent le blessé et lui portèrent secours. Au cinquième mois, Mune-mori fut transporté à *Kama-kura*. Yori-tomo l'installa dans une maison qui donnait sur un jardin et où il pouvait l'observer. Quand Mune-mori vit arriver le bourreau, il prit peur et demanda grâce. Yori-tomo plaça un poisson dans un vase et au-dessus un couteau; il lui fit entendre par là qu'il devait se donner la mort. Mune-mori ne comprit pas cette insinuation. Alors on le fit retourner à la capitale. Arrivé à *Sino-vara*, Mune-mori fut séparé de son fils. Et tous deux apprirent qu'ils seraient prochainement exécutés. Alors Mune-mori demanda un bonze, et s'adressant à Bouddha il dit : « Si je ne suis pas mort à *Dan-no-ura*, n'est-ce pas à Kyo-mune que je le dois ? » Puis le père et le fils furent livrés au bourreau.

Mune-mori avait un second fils, qu'on appelait le vice-général. Il fut mis à mort dans la capitale. Au commencement de la bataille de *Dan-no-ura*, Toki-ko déclara que Mune-mori n'était pas le fils de l'ancien *Syau-koku*[16]. La femme de Kyo-mori étant enceinte, ce dernier avait compté sur un enfant mâle et ce fut une fille qui vint au monde. » Alors, dit-elle, comme je craignais le ressentiment du *Syau-koku* je trouvais moyen d'échanger cette enfant contre le fils d'un marchand de parasols. Cet homme ne vaut pas Sige-mori, et c'est pourquoi nous sommes réduits à l'extrémité. » Après la mort de Mune-mori, Toki-tada et ses partisans furent exilés. A cette époque, Yosi-tsune eut une querelle avec Yori-tomo, et il se sauva dans le Si-kai.

Dans la crainte qu'il ne s'unit avec les partisans des Taira qui survi-

[16] C'est-à-dire, Kyo-mori.

vaient, pour fomenter des troubles, Yori-masa envoya Hoku-dzyau -Toki-masa[17] à la capitale dans le but de rechercher les jeunes membres de cette famille et de les exterminer tous. On étouffa les petits enfants et les adolescents périrent par l'épée. Même leurs mères ne les pouvaient protéger, et partout l'on n'entendit plus que des sanglots. Le fils de Kore-mori, nommé Roku-dai[18], fut caché par sa nourrice près du couvent *Tai-kaku-zi*[19]. Dénoncé par quelqu'un, il allait être tué quand sa nourrice fit demander sa grâce par le bonze Bun-gaku[20]. Par estime pour ce dernier et en souvenir de la clémence de Sige-mori, la grâce fut accordée. On rasa la tête de l'enfant, qui devint l'élève de Bun-gaku. Celui-ci médita de se débarrasser de Roku-dai, qui bientôt périt affamé. Le frère de Kore-mori, Tada-fusa, avait échappé à *Dan-no-ura* et s'était caché dans le Ki-i. Le second fils de Tomo-mori, Tomo-tada[21], avait trois ans lorsque tous les membres de sa famille fuyaient de toute part. Sa nourrice Ki-no-tomo-kata[22] le prit avec elle et le cacha dans le Bi-go; plus tard, elle l'amena dans le I-ga.

Une année s'était écoulée depuis que Mune-mori avait été pris et tué et que Sada-yosi s'était rasé la tête, lorsqu'un ancien serviteur des Taira, F. Tada-kyo[23], prit les os de Sige-mori et les cacha à *Do-boku*[24]. Les deux fils de Tada-kyo, Tada-mitsi et Kage-kyo, ainsi que T. Mori-tsugu, se cachèrent chacun où ils purent. Au bout de huit ans, Yori-tomo étant venu à *Kama-kura* pour s'occuper de l'embellissement de cette ville, Tada-mitsi qui, pendant qu'il était proscrit, avait fait un peu tous les métiers, médita de le tuer. Dans ce but,

17 北條時政.
18 六代.
19 大覺寺.
20 文覺.
21 知忠.
22 紀友方.
23 忠清.
24 常陸.

il mit sur l'un de ses yeux des écailles de poisson pour faire croire qu'il était borgne, et il circulait portant un panier. Yori-tomo l'ayant aperçu eut quelque défiance et le fit saisir. Or, Tada-mitsi se trouvait avoir sur sa poitrine un couteau pointu. Et il dit à Yori-tomo : « Moî, Tada-mitsi, serviteur de la famille Taira, je désirais restaurer et venger mes anciens maîtres, et j'ai cherché partout si quelques-uns de leurs partisans avaient survécu, mais l'on n'a pu m'indiquer que Mori-tsugu. Il était dans le Tan-ba, mais maintenant je ne sais où il se trouve. » Il n'ajouta pas une parole, et depuis ce jour il s'abstint de boire et de manger. Au bout d'un mois il mourut. Yori-tomo fit rechercher soigneusement dans tout l'empire s'il existait encore quelque membre de la famille Taira; mais on ne put mettre la main sur aucun d'entre eux.

Au bout de cinq ans, Tomo-tada revint du I-ga et entra dans la capitale; il se cacha près du couvent *Hau-syau-ʒi*[25]. Mori-tsugu et Kage-kyo l'ayant appris vinrent l'y trouver. Peu à peu les anciens serviteurs des Taira se groupèrent autour d'eux, et on complota d'assassiner le gendre de la sœur de Yori-tomo, F. Yosi-yasu[26]. Celui-ci en fut informé et il envoya des soldats contre eux pour les cerner et les attaquer. Les impériaux, au nombre de vingt, décochèrent au hasard leurs traits sur les insurgés dont plusieurs périrent. Tomo-tada et Tomo-kata se donnèrent la mort. Mori-tsugu et Kage-kyo se sauvèrent, et apprenant que Tada-fusa était dans le Ki-i, ils s'y rendirent et s'unirent à lui pour lever des troupes. Ils se fortifièrent dans le château *I-asa-siro*[27]. Mais ils furent attaqués et mis en déroute par le *bet-tau* de *Kuma-no*. Tada-fusa fut pris et tué. Mori-tsugu et Kage-kyo s'enfuirent. Ils rencontrèrent Yori-tomo qui se rendait au couvent *Tou-tai-ʒi*. Kage-kyo désirant le tuer se mêla à la foule. Mais on soupçonna son projet et on s'empara de

25 法性寺.
26 能保.
27 湯淺城.

lui. Wa-da-Yosi-mori[28], chez qui l'on avait placé Kage-kyo, refusa de le garder plus longtemps, prétextant que cet homme n'observait pas les bienséances. Alors on confia le prisonnier à la garde de Hat-ta-Tomo-iye[29]. Kage-kyo finalement se laissa mourir de faim.

Quant à Mori-tsugu, il changea ses noms et servit chez Ki-bi-Dau-kau[30], du Ta-zima, où il fut employé dans les écuries[31]. Là, il devint secrètement l'amant de sa fille. Chaque fois qu'il baignait les chevaux il préparait le meurtre de Yori-tomo. Dau-kau apprit qu'il était Mori-tsugu, mais il ne l'interrogea pas à ce sujet. Plus tard, Mori-tsugu suivit son maître à la capitale, et un jour qu'il était allé se divertir chez son ancienne maîtresse, celle-ci en informa les Minamoto. Alors Dau-kau fut requis d'avoir à livrer son serviteur. Dau-kau posta plusieurs lutteurs qui l'entourèrent lorsqu'il sortit pour laver les chevaux. Mori-tsugu se moquant d'eux leur dit : « Vils esclaves! si je voulais me sauver, rien ne me serait plus facile, mais je ne veux pas que mon maître en soit responsable. » Et s'étant livré à eux il fut garrotté. Yori-tomo lui fit des reproches en public et lui dit : « Pourquoi n'es-tu pas mort à *Dan-no-ura?* » Et il répondit : « Je désirais conserver un descendant aux Taira, pour relever l'honneur de la famille. » Yori-tomo lui demanda encore s'il était vrai que Yosi-tsune lui avait prêté secours. Mori-tsugu lui répondit : « Cela n'est pas. Autrefois, dans la capitale, j'ai formé avec les *han-gwan* un complot qui n'a pas réussi. Ensuite j'ai préparé un poignard bien tranchant et un dard acéré que j'aurais voulu essayer contre la personne du *syau-gun*[32]. » Et il fut mis à mort.

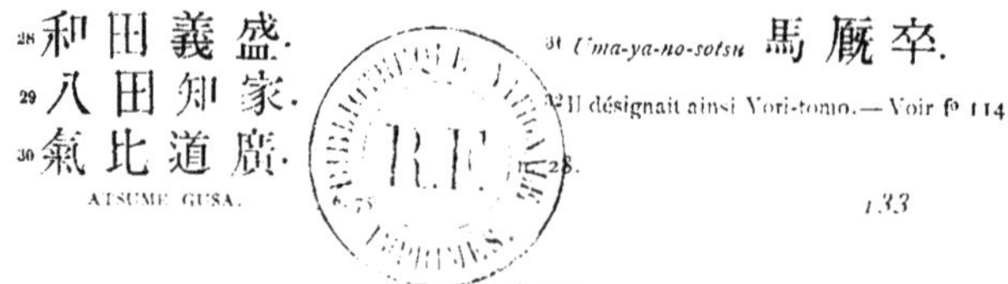

28 和田義盛.
29 八田知家.
30 氣比道廣.

31 *Uma-ya-no-sotsu* 馬廐卒.
32 Il désignait ainsi Yori-tomo. — Voir f° 114, 28.

ERRATA

Texte. *Au lieu de :*	*Lire :*
P. 1, l. 8. Dans les classes des dignités il passa par les quatre divisions.	Il passa par les quatre rangs (qui divisent les *sin-wau*).
P. 3, l. 20, *Kuan-tou*	Kwan-tou
» 6, » 17, Kou-se-wau	Oki-yo-wau.
» 9, » 17, (1151-1173)	(1151-1153).
» 15, » 15, la première des années	l'année.
» 27, » 10, Toku-si	Toki-ko.
» 31, » 1, *hau-in*	*hou-in*.
» 40, » 17, mois	mois (1179).
» 53, » 16, Sei-kai	Si-kai.
» 55, » 6, *Hau-dzau*	*Hau-dzyu*.
» 55, » 9, *ku-ge*	*ku-gyau*.
» 59, » 2, montage	montagne.
» 72, » 8, *Hau-ziu*	*Hau-dzyu*.
» 77, » 4, Toki-go	Toki-ko.
Notes.	
P. 1, n. 2, 王,	王 (*Sgz*. k. 3, 26).
» 2, » 9, f° (feuille 2	f° 2 (feuille 2.
» 3, » 13, 實敦	敦實.
» 4, » 19, *He-ye*	*Hi-ye*.
» 5, » 20, k. 2, 20 r.	k. 3, 22.
» 7, » 30, 信	頼.
» 8, » 39, k. 3, 23	k. 3. 25.
» 9, » 2, 主	*Syu-den-si* 主.
» 9, » 6, 忠	忠重.
» 9, » 7 (la note)	
» 11, » 17 »	

Notes. *Au lieu de :*	*Lire :*
» 11, » 18 (la note)	
» 12, » 11, 爲能	爲義.
» 12, » 26 (la note)	
» 13, » 31 »	
» 13, » 32 »	
» 16, » 48, *Dain-sin-dai-syau*	*Dai-sin-no-tai-syau*.
» 23, » 36, 城園	園城.
» 24, » 39, 光西	西光.
» 33, » 3, *nai-fu* 内府, titulaire d'une charge	*dai-fu* 内府. *Dai-fu* est le nom chinois du *na-dai-sin*. (*Sgz*. 3, 21.)
» 40, » 17, le *Han-xu* 漢書	les livres chinois.
» 41, » 3, 福原	
» 43, » 11, Ki-i	Ki-i ou peut-être du zyau-ka *Sin-guu*, attenant à *Natsi*.
» 52, » 14, *So-ye*	*Sou-no-kami* 添上.
» 57, » 1 (la note)	
» 59, » 14, 野	野. *Han-nya-zaka* est situé dans le cercle *Sou-no-kami* de la province de Yamato. On appelle ordinairement cette localité *Na-ra-saka*. (*Sgz*. k. 1, 7.)
» 60, » 24, 原兵	原岳.
» 72, » 36 (la note)	

SYLLABAIRE JAPONAIS

TRANSCRIPTION TURRETTINI

a	ア			*i*	イ	*o*	オ	*u*	ウ
ha, va	ハ	*he, e, ye*	ヘ	*h, hi, i*	ヒ	*ho, vo*	ホ	*fu*	フ
ka	カ	*ke*	ケ	*k, ki*	キ	*ko*	コ	*ku*	ク
ma	マ	*me*	メ	*m, mi*	ミ	*mo*	モ	*mu*	ム
na	ナ	*ne*	ネ	*n, ni*	ニ	*no*	ノ	*nu*	ヌ
ra	ラ	*re*	レ	*r, ri*	リ	*ro*	ロ	*ru*	ル
sa	サ	*se*	セ	*s, si*	シ	*so*	ソ	*su*	ス
ta	タ	*te*	テ	*ts, tsi*	チ	*to*	ト	*tsu, ts', t*	ツ
ya	ヤ	*ye*	ヱ	*yi, i*	ヰ	*yo*	ヨ	*yu*	ユ
wa	ワ					*wo, o*	ヲ	*n* (fin.)	ン

Dans la transcription en caractères européens, *ai, ei, oi,* se prononcent **aï, eï, oï**; *au, ou,* **ô**; *eu,* **iô**; *ii,* **î**; *oo,* **ô**; *uu,* **û**; *e,* **è**; *u,* **ou**; *ge, gi,* **gué, gui**; *s,* **ç**; *n* (fin.), **nn,** et *t,* comme la consonne qui le suit; *n* devant *m,* **m.**

Dans les caractères japonais augmentés du signe ", l'*h* s'adoucit en **b,** le *k* en **g,** l'*s* en **z,** le *t* en **d** et *ts* en **dz.** De même l'*h* devient **p** au moyen du signe °.

SYLLABAIRE JAPONAIS

a,	ア	e,	ヱ	i,	イ	o,	オ	u,	ウ
ha, va,	ハ	he, ye,	ヘ	h, hi, i,	ヒ	ho, vo,	ホ	fu,	フ
ka,	カ	ke,	ケ	k, ki,	キ	ko,	コ	ku,	ク
ma,	マ	me,	メ	m, mi,	ミ	mo,	モ	mu,	ム
na,	ナ	ne,	子	n, ni,	ニ	no,	ノ	nu,	ヌ
ra,	ラ	re,	レ	r, ri,	リ	ro,	ロ	ru,	ル
sa,	サ	se,	セ	s, si,	シ	so,	ソ	su,	ス
ta,	タ	te,	テ	ts, tsi,	チ	to,	ト	tsu, t, t'	ツ
ya,	ヤ	ye,	エ	yi,	井	yo,	ヨ	yu,	ユ
wa,	ワ					wo,	ヲ	n (fin.)	ン

Dans la transcription en caractères européens, *ai, ei, oi*, se prononcent aï, eï, oï; *au, ou*, ô; *eu*, iô, *ii*, î; *oo*, ô; *uu*, û; *e*, é; *u*, ou; *ge, gi*, gué, gui; *s*, ç; *n* (fin.), nn; et *t*, comme la consonne qui le suit.

Dans les caractères japonais augmentés du signe ゛, l'*h* s'adoucit en *b*, le *k* en *g*, l'*s* en *z*, le *t* en *d* et *ts* en *dz*. De même l'*h* devient *p* au moyen du signe ゜

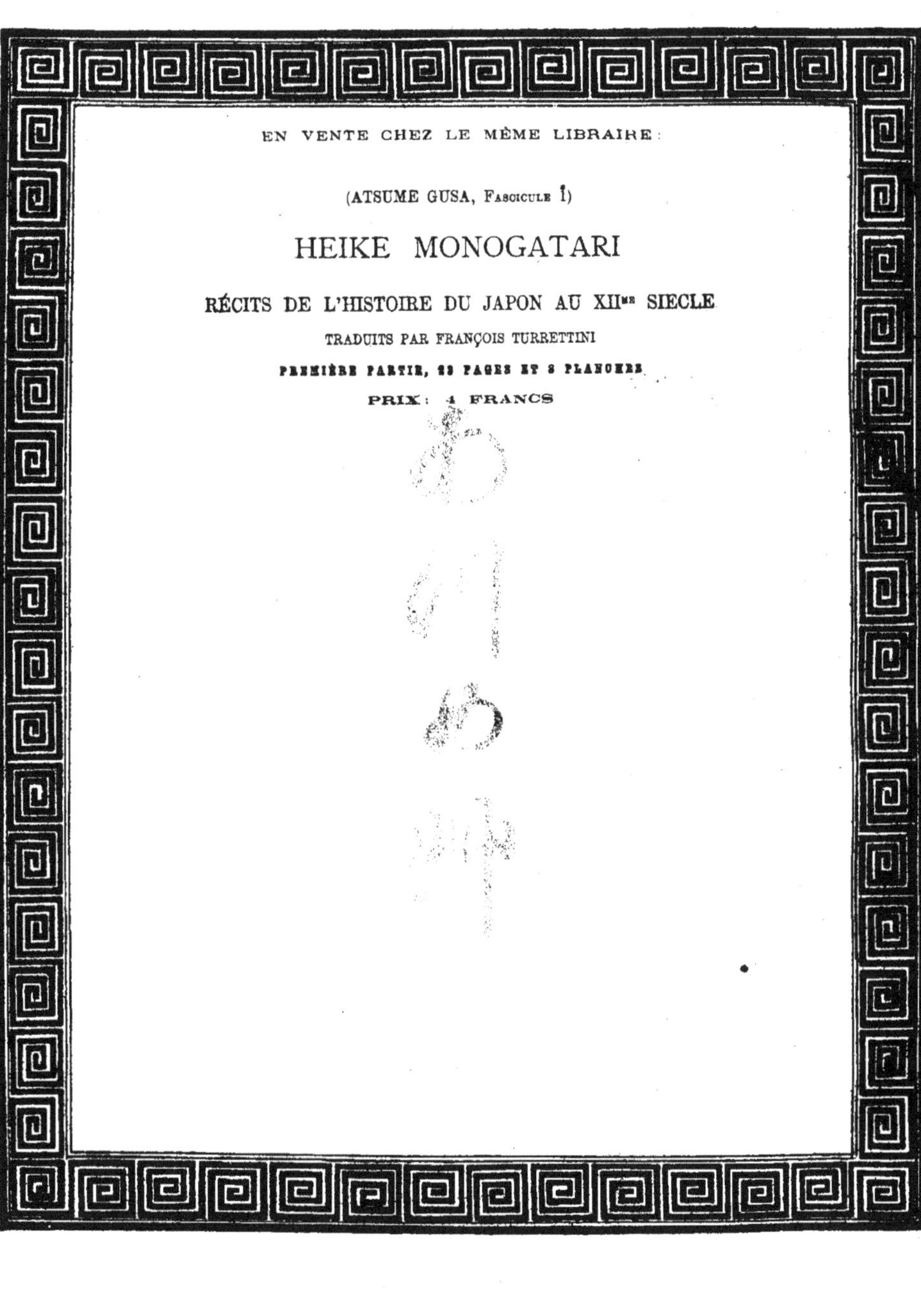

ATSUME GUSA

Recueil in-4°

FRANÇOIS TURRETTINI

BAN-ZAI-SAU

Recueil in-8°

L'**ATSUME GUSA** (*herbes rassemblées*) contient des textes, des traductions, des critiques et des mémoires relatifs à l'Extrême Orient. La Chine et le Japon y sont plus spécialement représentés; cependant les peuples de race tartare ou mongole y ont aussi leur place. — Ce recueil, imprimé en caractères anciens et modernes avec le concours de types chinois, est accompagné de planches, vignettes, culs-de-lampe, lettres ornées, impressions en couleurs, etc. Quelques exemplaires sont tirés sur Chine, Hollande, vélin ou papier teinté.

Une partie du tirage de l'**ATSUME GUSA** paraît par fascicules de cinq feuilles in-4°, soit **40** pages, d'un ou plusieurs ouvrages (un feuillet de planche hors texte compte pour demi-feuille). — On souscrit par volume de **8** fascicules au prix de **24** fr. Les fascicules ne s'achètent pas séparément; toutefois, chaque ouvrage, une fois terminé, est mis en vente, mais à un prix supérieur.

Tout travail a sa pagination propre. Les chiffres de la signature des feuilles ou planches indiquent à gauche, la date (mois et année) de l'impression et à droite, l'ordre du tirage (chiffres italiques s'il n'y a que deux feuillets, et romains entre crochets, s'il n'y en a qu'un). Sur la couverture des fascicules ou des volumes du recueil est indiqué l'ordre dans lequel les feuilles se suivent.

ACHEVÉ* OU EN COURS DE PUBLICATION

1° Dans l'*ATSUME GUSA* :

HEIKE MONOGATARI, récits de l'Histoire du Japon au XIIe siècle. Ire partie. — IIme partie : L'HISTOIRE DES TAIKA, tirée du *Nitpon-gwai-si*, traduit du japonais par F. TURRETTINI. — **TAMI-NO-NIGIVAI**, contes moraux traduits du japonais par F. TURRETTINI. — **SI-SIANG-KI** ou l'*Histoire du Pavillon d'Occident*, comédie en seize actes, traduit du chinois par Stanislas JULIEN, avec des notes explicatives et le texte en regard des vers. — **ETHNOGRAPHIE DES PEUPLES ÉTRANGERS**, formant les vingt-cinq derniers livres de l'encyclopédie *Ouen-hien-tong-kao*, de Ma-touan-lin, traduit du chinois, avec commentaire perpétuel par le Marquis d'HERVEY DE SAINT-DENYS. — **ASTROLOGIA GIAPPONESE**, versione di Antelmo SEVERINI*. — **AVALOKITEÇVARA SUTRA**, traduction italienne de la version chinoise, avec introduction et notes, par Carlo PUINI. Texte chinois imprimé en bleu et transcription japonaise par François TURRETTINI*. — **TAI-HEI-KI** o *Ricordi della Gran Pace*, versione di Carlo VALENZIANI.

2° Dans le *BAN-ZAI-SAU* :

SAN-TSEU-KING, le *Livre de phrases de Trois Mots* en chinois et en français, avec le commentaire et un vocabulaire, par Stanislas JULIEN, suivi de la réponse de M. d'HERVEY à la *Revue critique**. — **THE CHINESE MANDARIN LANGUAGE**, *after Ollendorff's new method of learning languages*, T. I, by Charles RUDY. — **KAN-ING-PIEN**, texte chinois du *Livre des Récompenses et des Peines*. — **ZIN-KOKU-KI** o *Ricordi degli uomini e dei regni*, versione di Carlo VALENZIANI. — **NITU-PON HIYAKU-SEU-DEN** ou *Souvenirs de cent généraux du Japon*, traduit du japonais par Carlo VALENZIANI. — **KOMATS ET SAKITSI**, texte et traduction du roman japonais *Uki-yo-gata-roku mai-byau-bou*, par F. TURRETTINI*.

F° *134*, 123. 124. 125. 126. 127. 128. 129. 130. 131. 132 & *133*.

GENÈVE. — IMP. DE L'ATSUME GUSA.

0

www.ingramcontent.com/pod-product-compliance
Ingram Content Group UK Ltd.
Pitfield, Milton Keynes, MK11 3LW, UK
UKHW020313180726
13839UKWH00001B/458

9 782329 582023